Les Héros
de mon enfance

Photographie de Michel Tremblay : George Dutil

ISBN 0-7761-0053-X

Imprimé au Canada

MICHEL TREMBLAY

LES HÉROS
DE MON ENFANCE

LEMÉAC

« Si le ridicule tuait, Charles Perrault serait toujours vivant. »

Michel Tremblay

« *Les Héros de mon enfance* »

Mon enfance fut tiraillée entre «Pinocchio» et «Batman», entre la Comtesse de Ségur et «Philomène», entre «Yvan l'intrépide» et «Brick Bradford», entre «Blanche Neige et les sept nains» et «Soucoupes volantes S-54», entre «Le lièvre et la tortue» et Laurel and Hardy, entre «Le Journal de Tintin» et «Amazing Stories», entre «Cendrillon» de Perrault et «Cinderella» de Walt Disney, entre «Miroir, miroir, dis-moi qui est la plus belle...» et «Panpan est toujours vainqueur!», entre le Marsupilami et les Martiens, entre le «pan» des revolvers français et le «bang» des guns américains, entre Bernadette Soubirous et

7

«Aurore, l'enfant martyre», entre la très bretonne «Bécassine» et la très québécoise «Zézette», bref, entre la lointaine et illusoire Europe et la tangible et terre-à-terre Amérique.

Il ne faut donc pas s'étonner si le besoin de rire des références culturelles et des mythes européens s'est fait sentir chez moi plus tôt que le goût de m'amuser de mes racines américaines. Les personnages des **Héros de mon enfance** sont des imitations de Français évoluant dans un décor français factice et parlant un «français de France» emprunté, faux mais, évidemment, très châtié. La grammaire y est reine et le grand style fou du roi. Mes personnages sont, comme toujours, névrosés mais cette fois ils sont cultivés. Ils choquent le bon sens mais pas l'oreille! Leurs problèmes et leurs querelles sont très «culturels». Et on peut en rire d'autant plus qu'ils ne nous concernent pas. Quand je décide de faire des heureux je vais jusqu'au bout!

Michel Tremblay

Note *Pour faire plaisir à mes détracteurs, j'ai parsemé mon texte fleuri de mauvaise herbe d'anglicismes. Voyez jusqu'où peut aller la générosité d'un auteur de bonne humeur!*

NOTICE BIOGRAPHIQUE

Michel Tremblay est né le 25 juin 1942 à Montréal dans un quartier populaire. Après sa 11e année il s'inscrit aux Arts graphiques et de 1963 à 1966 il exerce le métier de typographe à l'Imprimerie judiciaire. Sa première pièce, *Le Train*, qu'il a écrite à dix-sept ans, remporte en 1964 le premier prix du concours des Jeunes Auteurs de Radio-Canada.

En 1965, Michel Tremblay écrit *Les Belles-Soeurs*. Cette pièce est créée en 1968 par le théâtre du Rideau Vert à Montréal et sera produite à Paris en 1974 par la compagnie des Deux Chaises. Depuis le succès des *Belles-Soeurs*, Michel Tremblay se consacre entièrement à l'écriture. Parmi ses pièces les plus marquantes, créées à Montréal, mentionnons: *En pièces détachées* en 1969; *À toi pour toujours ta Marie-Lou* en 1971, reprise en 1974; *Hosanna*, créée en mai 1973, et présentée en 1974 à Toronto et à New York en 1975; *Bonjour là, bonjour* en 1974, reprise en 1980 par le théâtre du Nouveau Monde. En 1976, la compagnie Jean-Duceppe crée *Sainte Carmen de la Main*, jouée en anglais à Toronto en 1978 et reprise en français par le théâtre du Nouveau Monde à la fin de la saison 1978; *Damnée Manon, sacrée Sandra* en 1976, reprise en 1980. En avril 1980, la pièce *L'Impromptu d'Outremont* est créée à Montréal au théâtre du Nouveau Monde. Depuis, il a fait jouer *Les Anciennes Odeurs* en 1981, *Albertine en cinq temps* en 1984, *Le Vrai Monde?* en 1987, l'opéra *Nelligan* et *La Maison suspendue* en 1990; en 1992 a été créée *Marcel poursuivi par les chiens*, en 1994 le pamphlet *En circuit fermé* et, en 1996, *Messe solennelle pour une pleine lune d'été*.

Michel Tremblay a publié en 1978 le premier ouvrage des Chroniques du Plateau Mont-Royal, *La grosse femme d'à côté est enceinte*. Le deuxième roman de ce cycle romanesque, intitulé *Thérèse et Pierrette à l'école des Saints-Anges*, est publié en 1980. Le troisième, *La Duchesse et le Roturier*, est paru en 1982. La même année, un quatrième roman venait s'ajouter au cycle: *Des Nouvelles d'Édouard*. En 1989 paraissait le cinquième tome des Chroniques, *Le Premier Quartier de la lune*, et en 1997 le sixième, *Un objet de beauté*.

En 1986, il publie *Le Coeur découvert*, roman d'amours, suivi, en 1993, du *Coeur éclaté*. En 1990, il entreprend un triptyque de souvenirs personnels à propos du monde du cinéma avec *Les Vues animées*, du théâtre avec *Douze coups de théâtre* (1992), et des livres avec *Un ange cornu avec des ailes de tôle* (1994). En 1995, il fait paraître *La Nuit des princes charmants*, suivi en 1997 de *Quarante-quatre minutes, quarante-quatre secondes*.

Il a reçu en 1974 le prix Victor-Morin décerné par la société Saint-Jean-Baptiste de Montréal. En 1976, i s'est vu attribuer la médaille du Lieutenant-Gouverneur de la province de l'Ontario. Il fut plusieurs fois titulaire d'une bourse du Conseil des Arts. En 1981, il reçut le prix France-Québec pour *Thérèse et Pierrette à l'école des Saints-Anges*. En 1984, il a été nommé Chevalier de l'Ordre des Arts et des Lettres de France. En 1986, il a reçu le prix Chalmers pour *Albertine en cinq temps*. En 1988, il reçoit le prix Athanase-David pour l'ensemble de son oeuvre. Pour son livre *Un ange cornu avec des ailes de tôle*, il a reçu le prix Louis-Hémon, le prix du Signet d'or de Radio-Québec, le prix du Grand Public du salon du livre de Montréal et le grand prix des Libraires décerné par le salon du livre de Québec.

LES HÉROS
DE MON ENFANCE

La comédie musicale *Les héros de mon enfance* a été créée à Eastman par la Compagnie du Théâtre de Marjolaine, le 26 juin 1976.

Livret, dialogues
et paroles des chansons .... MICHEL TREMBLAY
Musique .... SYLVAIN LELIÈVRE
Mise en scène .... GAÉTAN LABRÈCHE
Décors .... Raymond Corriveau
Costumes .... François Laplante
Son .... Pierre Gervais
Éclairages .... Guy Simard
Chorégraphie .... Yvan Leclerc
Direction musicale .... Léon Bernier

PERSONNAGES

selon l'ordre de l'auteur

CARABOSSE .... Gaétan Labrèche
LE CHAPERON ROUGE .... Mirielle Lachance
BELLE .... Dorothée Berryman
CENDRILLON .... Pauline Martin
ANNE (PEAU-D'ÂNE) .... Véronique Le Flaguais
LE PETIT POUCET .... André Montmorency
LE LOUP .... Edgar Fruitier
LE PRINCE .... Denis Mercier
LA FÉE .... Marjolaine Hébert et son barzoï Cybèle

ACTE I

Scène I

Clairière dans une forêt. C'est le matin, les oiseaux chantent.
Petite musique bucolique.
Entrent deux Chaperons rouges, le vrai et le Petit Poucet déguisé.

POUCET — Cette fois, ils ne me rattraperont pas!

CHAPERON — Si je rencontre encore ce loup, je l'édente!

POUCET ET CHAPERON, *apercevant le public* — Oh, bonjour les enfants!

POUCET — Je ne savais pas que vous étiez là!

CHAPERON — Je ne vous avais pas vus!

LES DEUX — Ça, alors, quelle belle surprise! Comment ça va? *(Sourires béats et stupides.)*

POUCET — Ça me fait plaisir de vous voir!

CHAPERON — Ce que je suis contente que vous soyez là, alors! (*En aparté.*) Qu'est-ce que je vais faire de tous ces petits morveux, moi!

POUCET, *en aparté* — Les petits cons! Qu'est-ce qu'ils foutent là! Ils vont tout gâcher, c'est certain! Mieux vaut les mettre dans le coup! (*Au public:*) Dites, les enfants, vous m'avez reconnu? Je ne suis pas vraiment le petit Chaperon rouge, vous savez... Je suis petit, ça, oui, mais le Chaperon rouge c'est juste un déguisement... En fait, je suis...

Le petit Chaperon rouge aperçoit Poucet et pousse un hurlement.
Le Petit Poucet l'aperçoit à son tour et sursaute.
Ils se cachent tous les deux.

POUCET — Manquait plus que ça! Le vrai!

CHAPERON — On a posé une glace au milieu de la clairière! C'est un piège!

POUCET — Elle aussi va tout gâcher!

CHAPERON — Je suis prise dans un piège!

POUCET — Mieux vaut la mettre dans le coup!

CHAPERON — C'est le Loup! C'est encore le Loup! Il... il s'est déguisé en moi pour que je ne me méfie pas de lui! Il veut se faire passer pour ma sœur! Au secours! Au viol! À l'assassin!

POUCET, *qui est sorti de sa cachette* — Tu vas te taire, oui!

CHAPERON — À l'aide!

POUCET, *s'approchant* — Tais-toi!

CHAPERON — Grâce!

POUCET — Mais vas-tu te taire, à la fin!

CHAPERON — Prenez mes galettes! Prenez mon beurre! Prenez mon chaperon! Prenez tout! Mais s'il vous plaît ayez pitié de moi! Je ne suis qu'une pauvre fillette! (*Elle se jette aux pieds de Poucet.*)

POUCET — Une petite connasse, oui! (*Au public:*) Elle est folle! Qu'est-ce que je fais, les enfants? Je la tue.

CHAPERON — Mais il a des godasses!

POUCET — Non, mieux vaut la mettre dans le coup...

CHAPERON — Mais qu'est-ce que c'est que cette histoire... Depuis quand les loups portent-ils des godasses? Et des culottes, encore... (*Elle se lève.*) Et une chemise... Et un petit nez... Et une toute petite bouche... Mais qu'est-ce que c'est que ce loup de seconde main? On a osé me refiler un loup de seconde main! (*Elle descend le capuchon de Poucet.*) Mais vous n'êtes pas un loup!

POUCET, *piteux* — Ben non...

CHAPERON — Ben, vous êtes quoi, alors?

POUCET — C'est ce que j'allais t'expliquer...

CHAPERON — De quel droit vous déguisez-vous en loup?

POUCET — Ah, mais attention, je ne suis pas déguisé en loup!

CHAPERON — Ah, oui!

POUCET — Ah, mais non!

CHAPERON — Mais si!

POUCET — Mais pas du tout! Je vous demande humblement pardon! Je suis quand même bien placé pour savoir en quoi je suis déguisé, non! Je suis déguisé en petit Chaperon rouge!

CHAPERON — Mais pas du tout! Vous êtes déguisé en Loup déguisé en petit Chaperon rouge! Vous êtes là pour me voler! Pour me violer, peut-être! Hein, c'est ça! Et pour me tuer, aussi! Alors, on massacre les petites filles et on met tout ça sur le dos du grand méchant Loup! Hein, c'est bien ça?

POUCET, *au public* — Je la tue?

CHAPERON — Minable? Vous n'êtes même pas capable de prendre vos responsabilités de criminel!

17

POUCET — Non, un cadavre serait trop encombrant. Mieux vaut la mettre dans le coup...

CHAPERON — Vous êtes un être... petit, monsieur !

POUCET — Écoute, j'ai à te parler...

CHAPERON — Je vous couvre de mon mépris le plus profond !

POUCET — Écoute, je...

CHAPERON — Ah, ils sont beaux, nos hommes !

POUCET — S'il vous plaît...

CHAPERON — Pauvres femmes !

POUCET — C'est très important...

CHAPERON — Pauvre France !

POUCET — Tais-toiiiiiii !

Le Chaperon rouge sursaute.

CHAPERON, *petite voix*. — Je t'écoute...

POUCET — Bon ! Enfin, quoi ! Laisse-moi parler un peu ! Écoute au lieu de chialer... Vous aussi, les cons, euh... les enfants... Écoutez bien tous... Voilà... (*Il regarde autour de lui.*)

CHAPERON — Ben vas-y.

POUCET — Attends un peu, quoi... Je regarde si nous sommes seuls...

CHAPERON — Tu sais très bien que nous ne sommes pas seuls... Il y a au moins trois cents petits imbéciles, là, devant nous !

POUCET — Je ne parlais pas d'eux...

CHAPERON — C'est pas assez, trois cents petits imbéciles ?

POUCET — Oh ! là ! Tu commences à me les casser sérieusement, hein !

CHAPERON — Te casser quoi ? T'en n'as pas. (*Elle se met à rire.*)

POUCET — Tais-toi !

CHAPERON — Oh! Dis! La ferme, hein! Arrête d'essayer de nous faire peur et dis-nous qui tu es!

POUCET — Ben voilà...

CHAPERON — Vas-y...

POUCET — Ben, laisse-moi parler!

CHAPERON — Ben parle!

POUCET, *regardant autour de lui encore une fois* — Je suis... le Petit Poucet!

Silence.

CHAPERON — C'est tout?

POUCET — Comment ça, c'est tout? C'est pas assez pour madame!

CHAPERON — C'est un peu mince... Tu nous fais languir; tu nous fais languir... «Écoutez bien... Écoutez bien... c'est très important...» Tu prends des airs mystérieux... Et puis voilà... Monsieur est le Petit Poucet... Permets-moi d'être un peu déçue! T'aurais pu nous préparer une chute un peu plus épicée...

POUCET — Ben, enfin, merde, j'arrive pas à te dire...

CHAPERON — Chut!

POUCET — Hein?

CHAPERON — Dis pas merde devant les enfants...

POUCET — Quoi?

CHAPERON — Dis pas merde devant les enfants; c'est pas joli!

POUCET — Mais enfin, saperlipopette...

CHAPERON — C'est mieux...

POUCET — ...je ne peux quand même pas vous dire que je suis un ogre mangeur d'enfants; je suis vraiment le Petit Poucet!

CHAPERON — Bon, alors très bien, tu es le Petit Poucet... oh, ce que nous sommes contents. Surtout

qu'y avait la moitié des petits morveux qui avaient
déjà vérifié dans le programme et qui le savaient...
alors, qu'est-ce que tu fais, déguisé en loup...

POUCET — En Chaperon rouge...

CHAPERON — Quoi?

POUCET — Je suis déguisé en Chaperon rouge! Et
c'est ça que je veux t'expliquer depuis le début...

Scène II

Entre le Loup.
Il aperçoit les deux Chaperons rouges.

LOUP — Je rêve!

CHAPERON — Ben, vas-y, dis-le...

LOUP — Cornedieu, j'hallucine! Deux Chaperons rouges! C'est trop beau! Ou bien j'ai trop bu! (*Il s'approche d'eux.*) Bonjour, mes petits agneaux chéris!

Poucet et Chaperon prennent des airs effrayés.
Les trois personnages se figent.
Entre Cendrillon, un balai à la main.

CENDRILLON — Va, m'a dit ma belle-mère, et balaie
la clairière!

LOUP — Plaît-il?

CENDRILLON — Alors, je suis sortie dans la tour-
mente et j'ai couru, hagarde, me riant des bran-
ches meurtrières et des ronces traîtresses...

POUCET — Qui c'est, celle-là?

CENDRILLON — Où suis-je? Qu'adviendra-t-il de
moi, ô dieux?

LOUP — Excusez-moi, mademoiselle...

CENDRILLON — Ah, voilà un autochtone... Dites-moi, bon paysan...

LOUP — Hé! Là! Oh! N'essayez pas de jouer ce jeu-là avec moi, petite cabotine! Vous voyez bien que nous n'avons pas fini de jouer notre scène...

CHAPERON — Est-ce que je peux bouger? Je commence à avoir des crampes!

CENDRILLON, *changeant de ton* — Eh bien, si vous voulez le savoir, je la trouvais un peu longue, votre scène! Je vous regardais aller depuis un bon moment et je me disais: «Oui, bon, voilà... deux Chaperons rouges, un vrai et un faux, c'est assez joli... et le Loup qui va arriver, qu'adviendra-t-il de ces deux pauvres enfants innocents et purs?» Mais quand je vous ai vu entrer, vous, avec votre subtile démarche et votre voix discrète, je me suis dit: «Ce loup-là m'a l'air d'un râleur et d'un raseur terrible... On va en avoir au moins pour une heure de grognements et de grimaces... et puis ça va finir comme d'habitude: le chasseur, et puis pan-pan et la galette qui est sauvée et tout le monde qui est content... la barbe, quoi!» Non, personnellement, je trouve que ce qu'il manque à cette scène c'est un élément tragique et féminin: moi!

LOUP — Mais, je suis aussi un tragique, mademoiselle!

CHAPERON — Et moi je suis une femme!

CENDRILLON — Vous, une femme? Quand on élira miss «Contes-de-Fées», c'est pas vous qui finirez dans le lit des jurés, hein!

POUCET, *au public* — Je la tue?

CENDRILLON — Non, franchement, écoutez... Vous

faites très bien tous les trois comme ça... Si, si, si, c'est vrai... Restez bien en place, vous faites un ravissant tableau vivant... Alors voilà, je me place devant vous, comme ça, et je chante ma chanson! Et puis après, vous ferez ce que vous voudrez! Ça va?

POUCET — Mieux vaut la mettre dans le coup...

CENDRILLON — Vous, Poucet, vous ne bougez pas ou sinon c'est moi qui vous mets dans le coup!

LOUP — Mieux vaut lui obéir, les enfants... je vous mangerai après...

CHAPERON — Bon, très bien... je reprends ma pause... mais c'est pas une sinécure, hein, j'vous jure...

POUCET — Pourquoi elle est pas gentille avec moi, elle, j'lui ai rien fait!

LOUP — Tais-toi et bouge pas... J'te mangerai après...

POUCET — Mais j'ai pas du tout l'intention de me laisser manger!

CHAPERON — Tais-toiiiii!

Les trois personnages s'immobilisent.

CENDRILLON — Bon, où en étais-je? Ah! ma chanson... Ça y est, je le savais, j'ai perdu le fil, maintenant! Je ne suis plus concentrée! Ces petits et ce gros imbécile m'empêchent de me concentrer sur mon grand malheur? Ah, je vous jure! Pourtant, j'avais bien commencé! Où en étais-je, mon Dieu, où en étais-je?

LOUP, *chuchotant* — Ô dieux...

CENDRILLON — Quoi! Qu'est-ce qui est odieux? Qui ose se plaindre?

LOUP — Mais non, je ne me plains pas, je vous dis

22

que vous en étiez à «ô dieux», pas odieux, ô dieux en deux mots...

CENDRILLON — Ô dieux, ô dieux, ça ne me dis rien, ça... on dit ça, on dit ça... Qu'est-ce qui venait avant?

POUCET — Qu'adviendra-t-il de moi...

CENDRILLON — Comment, ce qu'il adviendra de toi, mais il vient de te le dire, il va te manger...

POUCET — Mais non, je vous dis que vous en étiez à «Qu'adviendra-t-il de moi, ô dieux...» (*Au public:*) Dites, les enfants, je la tue?

CENDRILLON — Ah, bon... Qu'adviendra-t-il de moi... euh...

CHAPERON — Où suis-je...

CENDRILLON — Bon, voilà la môme au physique ingrat qui perd la boule, maintenant!

LES TROIS AUTRES — Mais non! «Où suis-je! Qu'adviendra-t-il de moi, ô dieux»!

CENDRILLON — Ah, bon! Ah, merci! Euh... Ben voilà... J'y vais... Euh... j'arrive par ici, toute effarée, le balai à la main, le désespoir dans l'âme, l'œil animé d'une foudre dévastatrice et d'un profond désarroi... Ah non, c'est loupé, ça ne marche plus! Je n'arrive plus à me concentrer!

Les trois autres soupirent.

CENDRILLON — Alors, passons tout de suite à la chanson... C'est ça qui est le plus important, de toute façon! Alors, les enfants, vous faites comme si je venais de terminer ma grande scène... Vous pleurez parce que j'ai été comme toujours à la fois divine et émouvante, divine et émouvante... Je tourne lentement la tête vers le chef d'orchestre... Je me gourme un peu pour chasser le trop plein d'émotion... et on attaque!

LES TROIS AUTRES — «Les malheurs d'une princesse souillon», valse tragique en cinq couplets et un seul refrain.

CENDRILLON —

Au fond des marais glauques
Dans l'eau verte et fétide
Où le fleuve se vide
De ses eaux sales et rauques
S'élevait autrefois
Un petit palais bleu
Où j'allais quelquefois
Réciter des vers creux

Car princesse je suis
Mais princesse souillon
Toute couverte de suie
Cendrillon est mon nom!

Mais mon père est parti
Un matin de carême
Nous laissant toutes blêmes
Ses trois filles et Marti.
Marti c'est ma belle-mère
Qui me hait oh combien!
Qui me traite comme un chien
Elle me bat, je la sers!

Car princesse je suis
Mais princesse souillon
Toute couverte de suie
Cendrillon est mon nom!

Je lave, je récure,
Je balaie, je nettoie,
Je reconstruis les toits
Je souffre, mais j'endure !
Mais là, vraiment, c'est trop
La Marti exagère
Cette grosse mégère
A détruit mon château !

Car princesse je suis
Mais princesse souillon
Toute couverte de suie
Cendrillon est mon nom !

Le tout petit bijou
Tant aimé, tant chéri
Que mon père a construit
Avec mes propres sous !
Une bombe l'a fait sauter
Il n'en reste plus rien
Mais je mordrai la main
De celle qui l'a posée !

Car princesse je suis
Mais princesse souillon
Toute couverte de suie
Cendrillon est mon nom !

Mais viendra bien un jour
Où un prince charmant
Ou un quelconque amant
Défendra mes atours !
Alors Marti mourra
Et mes deux sœurs aussi
À moi la grande vie
Et je crierai Hourra !

Je ne serai plus souillon !
Je brûlerai mes haillons !
Mais je garderai mon nom !
Je resterai Cendrillon !

CENDRILLON, *parlé* — Quand la bombe eut détruit mon château, « Va, m'a dit ma belle-mère, et balaie la clairière ! »

LOUP — Bon, alors, ça va bien, hein... C'était potable mais ça suffit... On vous a donné votre chance, à nous de jouer, maintenant... Vous pouvez rester là si vous voulez, mais, de grâce, laissez-nous travailler !

CENDRILLON — Bon, très bien, si vous le prenez sur ce ton... On ne peut quand même pas demander à la plèbe d'apprécier les malheurs d'une princesse...

POUCET — Et bien, si tu veux le savoir, la plèbe, elle t'em...

CHAPERON — Je t'ai dit de pas dire ce mot-là devant les enfants, Poucet, c'est pas joli...

POUCET — Oh, c'est vrai... Alors, si tu veux le savoir, la plèbe, elle t'encule ! C'est mieux, comme ça ?

Chaperon reste sidérée.

CENDRILLON — Alors je m'assieds et je vous regarde faire les guignols !

POUCET — Guignol toi-même, hé, souillon !

CENDRILLON — Va donc, hé, pédé !

POUCET — Moi, pédé !

CENDRILLON — Ça s'habille en fille et ça veut faire son mousquetaire ! Avec quoi elle t'a fait, ta maman ? Avec un clystère ?

LOUP — Vos gueules, les mouettes ! S'engueuler comme ça devant les enfants, nous, des personnages de rêve! Qu'est-ce qu'ils vont penser de nous! Un peu de savoir-vivre, que diable!

CHAPERON — C'est vrai, ça... Ils sont tous mignons, les chéris et nous on est là qu'on gesticule... On va finir par leur faire peur... (*Elle fait des sourires, distribue des baisers et envoie la main au public.*)

CENDRILLON — Faux jeton! Je sais ce que tu penses des enfants... Ça leur fait des mignardises, des chichis, des manières et des minauderies plus sucrés qu'un sirop de groseille par devant, mais ça leur tire la langue aussitôt qu'ils ont le dos tourné!

CHAPERON — Menteuse! J'adore les enfants.

CENDRILLON — En salade, oui, ou sur un lit de riz avec une pomme rôtie dans la bouche!

LOUP — Je veux faire ma scène!

Les trois autres soupirent.
Cendrillon s'asseoit par terre.
Les deux enfants reprennent leurs positions.

CHAPERON — Est-ce que je pourrais changer de position? Je veux bien avoir l'air d'avoir peur, mais j'ai le bras fatigué et... (*Le Loup lui fait les gros yeux.*) Bon, très bien, je n'ai rien dit... Moi, ça ne me fait rien, mais je ne me laisserai pas manger, na!

L'éclairage s'assombrit.
Coup de tonnerre.
Une sinistre musique commence.

LOUP — Ah! une introduction sinistre comme je les aime!

CENDRILLON — Tais-toi et chante!

POUCET — « Trio des Belles et de la Bête ».

LOUP —
    Lorsqu'un loup affamé, banni et solitaire
    Parcourant la forêt, striée de brefs éclairs
    Ne trouve que des baies à mettre dans sa panse
    Ce loup, je vous le dis, doute un peu de sa chan-
                                 [ce!
    Mais quand ce loup soudain entend des voix d'en-
                                 [fants
    Ce pur et clair babil, joyeux et innocent
    Et qu'il voit tout là-bas, au fond de la forêt
    Se trémousser et rire un déjeuner complet
    Alors je vous le dis sans honte et sans pudeur
    Ce loup se lève et court, et chante et rit et pleure!
    Et on entend de loin sa voix qui hurle au ciel
    De joyeuses insultes, des propos démentiels!
    Triomphe! Triomphe! Triomphe! Le méchant ga-
                               [gne encore!
    Triomphe! Triomphe! Triomphe! À belles dents
                             [il dévore
    La tête, le tronc, les membres des tout petits bam-
                                 [bins
    Dans un élan de joie, de sang il prend un bain!

POUCET ET CHAPERON —
    Horreur! Horreur! Horreur! Le méchant gagne en-
                               [core!
    Horreur! Horreur! Horreur! À belles dents il dé-
                             [vore!
    La tête, le tronc, les membres des tout petits bam-
                               [bins
    Dans un élan de joie, de sang il prend un bain!

LOUP — Triomphe! Triomphe! Triomphe!

POUCET ET CHAPERON — Horreur! Horreur! Horreur!

LES TROIS —
> Le méchant gagne encore, à belles dents il dévore
> La tête, le tronc, les membres des tout petits bam-
> [bins...
> Dans un élan de joie, de sang il prend un bain!
> *etc., etc.*

LOUP — Dieu, que c'est beau!

CENDRILLON, *au public* — Beau! Laissez-moi rire! Je n'ai jamais entendu vers aussi boîteux, rimes aussi pauvres, et musique aussi souffreteuse de toute ma vie, et pour ce qui est des voix... ma belle-mère elle-même chante mieux que cela, et pourtant quand elle s'abaisse à commettre des sons qui se veulent subtils et mélodieux, les hiboux et les chauves-souris eux-mêmes se sauvent à tire-d'aile en plein jour!

POUCET — Bon, revenons-en aux choses sérieuses! Je ne veux pas passer pour un désaxé ni un dévié sexuel, alors j'aimerais bien éclaircir un malentendu qui semble vouloir se répandre au sujet de mon déguisement.

Scène III

Entre le prince portant Belle dans ses bras.

PRINCE — J'ai trouvé ça dans un fourré!

Scène IV

POUCET — Ah! Non! Ah! Non! Ah! Non! Pas deux
autres! Là, vraiment, c'est assez! Ça suffit comme
ça! Sortez, monsieur, et rapportez votre fardeau
avec vous! Depuis le début de la pièce que je suis
là, moi, monsieur, et je n'ai pas encore réussi à
placer une seule réplique! J'en ai assez! Je veux
avoir ma chance, moi aussi! On me coupe mes
coups de théâtre à la chaîne! D'abord ce grand
bêta de loup primaire qui croit arriver sur le bout
des pieds et qu'on entend venir à deux lieues, puis
cette névrosée sale qui se prétend princesse et qui
ferait à peine honneur aux clochards nocturnes
qui se cachent sous le Pont-Neuf... et enfin vous
avec votre air benêt et votre paquet de point d'esprit endormi! Et bien, je dis non! Non, non et
non! Y'en a marre! J'étais ici le premier, monsieur, et j'ai un secret à dévoiler à mademoiselle
que voici, que je n'ai pas choisie d'ailleurs mais
que le ciel a mise sur ma route! Bon, alors, s'il
vous plaît, qui que vous soyez et je sens que vous
allez nous dire que vous êtes un prince, c'est à
croire que tout le monde ici se croit sorti de la
cuisse de Jupiter ou d'entre les cuisses de la reine-
mère, partez! Je ne marche plus, monsieur! Allez
reporter votre fardeau où vous l'avez trouvé et
laissez-moi dévoiler mon terrible secret à celle en
qui je suis déguisé! Je lui dois bien cela! On ne
peut quand même pas usurper l'identité de quelqu'un sans lui expliquer pourquoi, bon Dieu de
merde. oh, pardon, les enfants... Alors, sortez,

monsieur et revenez plus tard quand j'aurai fini mes terribles révélations...

PRINCE — Très bien, mademoiselle, à tout à l'heure... (*Il sort, portant toujours Belle dans ses bras.*)

CHAPERON — Quel tempérament tu as, mon Poucet! Mais tu ne m'avais pas dit ça!

POUCET — J'en ais assez à la fin! Écoute-moi, toi à qui je ressemble mais que je méprise profondément, je vais tout t'expliquer.

Poucet se tourne et aperçoit Anne qui est arrivée comme il finissait de parler

POUCET — Ah! Une autre! Une autre! C'est un piège! C'est un guet-apens! C'est une coalition! On m'en veut! On veut me rendre fou! On me hait! Je ne pourrai jamais dévoiler mon secret! Bordel de merde! (*Il tombe dans les pommes.*)

CHAPERON, *au public* — Ne faites pas attention à lui, les enfants, c'est un grand nerveux... Il ne sait pas ce qu'il dit... Il dit des gros mots, mais c'est parce qu'il a connu une enfance malheureuse...

CENDRILLON, *annonçant* — «La chanson de la femme à la peau d'orange», tango.

ANNE —

Mon père et puis ma mère
Le matin d'mon baptême
Me voyant dans mon ber
Me trouvèrent un peu blême
Alors ils appelèrent
Au secours de leur fille
Une méchante sorcière
En balai et béquilles!
«Quel est son nom?» dit-elle

À ma mère éplorée.
« Appelez-la Mirabelle
Et elle sera sauvée ! »
« Trop tard » lui dit ma mère
« Anne est son nom chrétien »
« Bravo » dit la mégère
« Si c'est comme ça, j'la tiens ».

Malheur à moi, pauvre princesse
Car Carabosse est ma marraine
Sa jalousie, sa grande haine
Ont fait de moi une pauvresse !
Elle me poursuit, me tyrannise
Elle prit mon âme et en échange
Sans scrupule, oh ! Quelle hantise
Elle me donna une peau d'orange !
Alors depuis ce temps
Pour moi tout n'est qu'orage
Je crie, je hurle, je rage
Et mon malheur s'étend.
Quand je passe dans la rue
Les enfants me profanent
« Dis, t'as vu ses verrues ? »
« Dis, t'as vu la peau d'Anne ? »
J'ai beau me déguiser
Tout le monde me reconnaît
J'ai beau me défigurer
La peau d'Anne renaît !
Tout ça parce qu'une fée
Pour un oui pour un non
Un jour a décidé
Qu'elle n'aimait pas mon nom !

Malheur à moi, pauvre princesse
Car Carabosse est ma marraine

Sa jalousie, sa grande haine
Ont fait de moi une pauvresse!
Elle me poursuit, me tyrannise
Elle prit mon âme en échange
Sans un scrupule oh! quelle hantise
Elle me donna une peau d'orange!
Mais un jour, oui, je le sens
Quelqu'un viendra pour me venger
J'pourrai enfin boire le sang
De Carabosse et la manger!
Je lui transpercerai le corps
De douze mille coups de couteau
J'la piétinerai après sa mort
Tout ça j'le sens est pour bientôt!

ANNE — J'ai pourtant un corps superbe. Mais voyez ma peau. Personne ne veut de moi. Je suis moche.

LOUP — En effet, ce n'est pas très très réussi en fait de peau. Je n'en mangerais pour rien au monde. Ne le prenez pas comme une insulte, après tout, c'est vous qui le dites!

CENDRILLON — Ça s'attrape?

ANNE — Vous savez bien que les gens sales n'attrapent rien! (*Apercevant Poucet et Chaperon.*) Oh, des jumelles!

LOUP — Non, ce sont des jumeaux!

ANNE — Des jumeaux travestis? C'est un divertissement que je ne connaissais pas encore! C'est bien?

LOUP — Voyez-vous, ce ne sont pas deux garçons. Il y a une fille et un garçon...

ANNE — Alors pourquoi le garçon s'habille-t-il comme sa sœur?

LOUP — Ce n'est pas sa sœur...

ANNE — Ils sont jumeaux, ils portent les mêmes habits et ils ne sont pas frère et sœur? Comment expliquez-vous ça?

POUCET, *se redressant soudain* — Je viens de décider que vous ne le sauriez jamais! Personne! (*Il retombe*.)

ANNE — C'était la fille?

LOUP — Non, c'était le garçon!

CHAPERON — C'est moi, la fille...

ANNE — J'aurais pas cru... (*Au Loup*.) Et vous, qui êtes-vous?

LOUP — Mais le grand méchant Loup, voyons!

ANNE — Et vous allez manger ces deux enfants?

LOUP — Eh, oui!

ANNE — Chic, alors! Je peux en avoir un morceau ou deux?

CENDRILLON — Une princesse vérolée et anthropophage!

ANNE — Je suis peut-être un peu vérolée et un peu anthropophage, mais je suis née dans une maison propre, moi, madame!

CENDRILLON — Et bien moi, madame, je préfère être sale et propre que propre et salope!

LOUP — Mesdames, mesdames, encore une fois, ne vous disputez pas devant les enfants!

ANNE — Les enfants? Quels enfants?

LOUP — Mais là, regardez les jolis bouts de chou qui sont venus nous rendre visite ce soir!

ANNE, *poussant un cri* — Je déteste les enfants! J'exige qu'on évacue cette salle!

LOUP — Allons, taisez-vous, voyons!

ANNE — J'ai l'habitude qu'on m'obéisse, monsieur!

CENDRILLON — En plus d'être pourrie, madame est gâtée à ce que je vois!

34

ANNE — Et vous aussi vous devriez en profiter pour sortir! Ça sent la cuisine et la suie, ici! Je croyais trouver dans cette clairière un asile digne d'une princesse de mon rang et je tombe parmi des invertis déguisés en mignons, un loup galeux, une respectueuse malpropre et une artillerie de mouflards mal mouchés! Et bien il est loin le prince charmant que je cherche depuis si longtemps!

CENDRILLON — Avec le teint que vous avez, ma sœur Anne, c'est pas demain la veille où vous trouverez l'homme à la peau de serpent avec lequel vous feriez la paire!

Anne se lance sur Cendrillon et lève la main sur elle.

ANNE — Respectueuse malpropre!

CENDRILLON — Princesse vérolée et salope!

L'éclairage change brusquement.
Tous se figent.

LOUP — « Berceuse absurde de la fille au pot au beurre ».

CHAPERON —

Dors, mon Petit Poucet
Là, tout près de l'étang
Où jadis l'herbe poussait
La nuit sur tout s'étend.

Profite du bonheur
Et dors sans embarras
Tu es bien dans les bras
D'la fille au pot au beurre!

Je r'prendrai tout à l'heure
Mon panier, mes galettes
Ma joie sera complète
Quand tu n's'ras plus ma sœur !

Dors mon petit mouflet
Et rêve à l'avenir
Je vais te camoufler
J'entends le loup venir.

Non, non, monsieur le Loup
Je n'ai pas vu Poucet
Ne me rouez pas de coups
J'ai d'l'or dans mes goussets !

Je ne cache personne
Ne me rudoyez pas
Vous cherchez un repas ?
Ma viande n'est pas bonne !

Mais prenez donc Poucet
Sa chair est délicieuse
Dévorez cette tête creuse
J'en serai débarrassée !

CHAPERON — La musique des berceuses est toujours divine, mais les paroles complètement idiotes, je ne sais pas pourquoi...

POUCET — Quand on veut endormir les gens, on ne leur dit pas des choses intelligentes !

CHAPERON — Alors, pourquoi tu ne dors pas ?

POUCET — Je ne t'écoutais pas, je réfléchissais...

CHAPERON — Toi, réfléchir ! Laisse-moi rire !

POUCET, *au public* — J'la tue ?

L'éclairage revient à la normale.

CENDRILLON, *à Anne* — Si vous me touchez, madame, je vous jure que je crèverai vos bubons un à un!

ANNE, *se ravisant* — De toute façon, j'aurais trop peur de me salir!

CENDRILLON — Vous seriez peut-être moins dégoûtante sous une couche de suie!

ANNE — Quand vous sortez, le soir, est-ce qu'on vous voit?

CENDRILLON — Et vous, est-ce que vous sortez, le jour?

LOUP — Assez! Ça suffit comme ça! Vous n'avez pas honte! (*Il s'approche de l'avant-scène.*) Les enfants, je suis confondu! Moi, le méchant Loup, moi, le personnage le plus dégoûtant, le plus vil, le plus retors jamais sorti de l'imagination malade d'un écrivain pour enfant, voilà que je fais image d'agneau à côté de ces héros superbes et purs qui devraient normalement édifier vos petits esprits encore mal formés, et qui ne cessent depuis une heure de se chiffonner le chignon comme de vulgaires concierges qui se cherchent noise ou rogne! Écoutez, les enfants, je ne sais vraiment pas comment m'excuser auprès de vous de cette conduite absolument inqualifiable dont font preuve mes camarades que j'estime et que je respecte par ailleurs mais qui, pour la première fois ce soir se laissent aller à montrer leur vraie nature plutôt que de perpétuer devant vous l'image immaculée, et saine, et utile, et abêtissante pour laquelle ils ont été créés! Pardonnez leur égarement! Il n'est que passager. Je suis convaincu que vous retrouverez sous peu l'idée préconçue que vous aviez de nous et qui doit être la bonne, coûte que coûte et vaiile que vaille! J'aurai recours à la force, s'il le faut, mais tout rentrera dans l'ordre! Il faut que l'ordre règne et s'il faut sévir, je sévirai! Et le petit Chaperon rouge redeviendra l'idiote petite enfant qui ne sait même pas faire la différence entre sa propre grand-mère et un vieux loup essoufflé et grimaçant; le Petit Poucet enlèvera ce déguisement ridicule qui lui donne un air équivoque pour réintégrer son personnage de garçonnet prudent qui ne sort jamais de chez lui sans s'emplir les poches de cailloux, au risque de déformer ses vêtements que sa pauvre mère s'ingénue à repriser en se demandant comment elle pourrait bien faire pour égarer ce petit morveux chialeur et collant qui trouve toujours le moyen de ramener ses frères à la maison quand elle et son mari se tuent à essayer de s'en débarrasser parce que franchement les enfants c'est chiant; Cendrillon redeviendra l'ange de douceur et de patience qui fait office de servante et de subalterne auprès de ses belles-sœurs qui, en réalité, ne sont que de vulgaires roturières, elle étant la seule et vraie princesse, leur mère étant aventurière de nature et même par choix et les ayant conçues dans le plaisir, donc le péché et qu'un prince, charmant mais fat, sauvera grâce à une marraine mythomane, une citrouille qui a des ambitions de carosse, et une paire de pantoufles de verre qui lui scieront les pieds toute une soirée parce que trop minuscules et trop coupantes; et Anne, la douce Anne retournera dans sa peau... euh pardon, dans son personnage de jeune fille pas trop belle, un peu bête mais au cœur gros comme une cathédrale qu'un quelconque bellâtre, prince ou imposteur, peu importe, c'est le cheval blanc qui compte, s'attachera pour en faire sa femme adorée, donc son inférieure, en lui faisant une ribambelle d'enfants laids, tous des fils, donc tous des héritiers, donc tous intouchables qui à leur tour feront d'elle une servante, la génitrice négligée, prisonnière de ses fourneaux comme une vraie mère de famille, le tablier autour des reins, le dernier héritier sous le bras, un bonheur primaire et simpliste dans le cœur, le mari au bordel, l'image enfin de la femme heureuse! Oui, tout rentrera dans l'ordre, je vous le jure! La subversion n'aura qu'un temps! Nous, personnages adorables et abêtissants, nous avons été conçus pour vous neutraliser et je vous promets que vous sortirez d'ici ce soir abrutis, heureux, silencieux et rassurés! Parole de loup!

ANNE — Malpropre! (*bis*)

CENDRILLON — Salope! (*bis*)

POUCET — Tu commences à me les casser.

CHAPERON — Te casser quoi? T'en n'as pas!

LOUP — Assez! Ça suffit comme ça!

Scène V

Entre Belle qui se prend un peu beaucoup pour Delphine Seyrig.

BELLE — Laissez-moi! Je suis fatiguée!

POUCET — À qui peut-elle parler ainsi...

BELLE — Non, je vous en prie, n'insistez pas... Pas ce soir... Ce soir, je veux rester seule sous les tilleuls, au fond du jardin, m'abandonnant toute entière à la nuit creuse et mauve, m'abîmant dans ma douleur et versant des larmes chaudes sur le marbre froid du banc rose usé par des générations de rois solitaires et désespérés, mes aïeux!

LOUP — Quel langage! Voilà enfin un bel esprit! Voilà enfin une personne respectable. (*Saluant*.) Madame... laissez-moi déposer à vos pieds...

BELLE, *toujours sur le même ton nasillard* — Vision d'horreur. Un loup est là. Non, laissez-moi. Je suis fatiguée. Ne me tuez pas. Contentez-vous de me violenter, de me violer un peu même et vous aurez la vie sauve.

LOUP — Mais, madame, qui parle de viol...

BELLE — Je le lis dans vos yeux veinés de marbrures violacées, à la pupille irisée de convoitise et à l'intelligence pâlote.

LOUP — Mais, non, je vous assure...

BELLE — Ah... dommage. Que me voulez-vous, alors.

LOUP — Vous servir, madame.

BELLE — Ils disent tous ça... Servir, ils n'ont que ce mot à la bouche. Et aussitôt que vous avez le dos tourné, ils vous enfilent comme une perle sans demander leur reste et vous arborent à leurs colliers comme un bijou parmi d'autres bijoux alors que vous êtes unique et précieuse comme une eau de Pâques ou un Saint-Graal.

LOUP — Mais, madame, je vous assure...

BELLE — N'insistez pas. Laissez-moi. Je suis fatiguée. (*Apercevant Poucet et le Chaperon*.) Je suis encore plus fatiguée que je ne le croyais, je vois double.

CENDRILLON — On dirait une somnambule.

BELLE — Sont-ce là des femmes de chair et de sang

ou des harpies surgies d'un rêve dément venues
me harceler dans mon sommeil d'encre.

LOUP — Mais, madame, vous ne dormez pas...

BELLE — Je dors dans ce bois depuis cent ans, Loup,
et je n'ai pas encore l'intention de quitter mon
sommeil de porphyre et d'ébène pour la réalité
de terre cuite et de verroterie.

ANNE — Cent ans! Je trouvais sa robe un peu pas-
sée de mode, aussi!

BELLE — Je suis princesse, madame, et ce que porte
une princesse ne se démode jamais.

CENDRILLON — C'est bien vrai, ça... Moi-même je
suis princesse, et...

BELLE, *la toisant* — Il y a des exceptions.

POUCET — Comment vous appelez-vous, madame?

BELLE — Je suis Belle...

POUCET — Ça, c'est une question de goût, ce n'est
pas ça que je veux savoir...

BELLE — Je suis Belle, fillette... Mon nom est Belle.

POUCET — Ohhhhh, c'est un nom difficile à porter,
ça...

BELLE — Pas pour moi.

POUCET — J'en connais quelques-unes ici qui ne pourraient pas porter ce nom sans se coiffer de ridicule!

CENDRILLON — Méchant! Vous.. vous êtes petit et
méchant!

ANNE — Vous avez raison, ma sœur, cet avorton est
d'une méchanceté tout à fait gratuite.

BELLE — Pour ma part, je ne trouve pas.

LOUP — Mais, madame, n'étiez-vous pas dans le bras
d'un charmant prince, tout à l'heure?

BELLE — Encore! Décidément, on se m'arrache!
Mais, vous savez, c'est bien possible. Tant d'hom-

mes passent, comment les décourager tous ? Comment était-il, celui-là ?

CHAPERON — Ah, il était très beau ! Alors, là, oui, très beau !

BELLE — Est-ce vous qui me parliez tout à l'heure ?

CHAPERON — Non, c'est l'autre !

BELLE — Il y en a donc vraiment deux ! Dieu soit loué, je croyais que je commençais à avoir besoin de lunettes ! Quelle horreur ! Quelle angoisse ! Moi, porter des lunettes ! Et pourquoi pas un balai. (*Regardant Cendrillon*.) Oh, pardon. Et pourquoi pas me cacher sous un centimètre de poudre de riz. (*Apercevant Anne*.) Oh, pardon ! (*Au Chaperon*.) Et ce jeune homme qui me portait, car rassurez-moi, dites-moi qu'il était jeune, vous a-t-il dit quelque chose ?

CHAPERON ET POUCET — Il nous a dit qu'il vous avait trouvée dans un fourré !

BELLE — Ah, celui-là... Je crois bien que je l'ai un peu assommé, le pauvre.

CHAPERON — Assommé ! Mais pourquoi ?

BELLE — Laissez-moi. Je suis fatiguée. Plus tard, peut-être, mais pas maintenant. Je vous expliquerai cela plus tard, enfant. Pour le moment, laissez-moi.

CENDRILLON et ANNE, *l'imitant* — Je suis fatiguée...

BELLE, *les couvrant d'un regard méprisant* — On imite toujours ceux qu'on voudrait être, par pure envie, n'est-ce pas mesdames !

CHAPERON, *regardant Poucet* — Ça, c'est bien vrai !

POUCET — Mais... mais je ne t'imite pas, moi ! Je n'ai jamais voulu te ressembler, Dieu m'en garde bien !

CHAPERON — Alors, qu'est-ce que tu fais déguisé en moi...

POUCET — Mais...

CHAPERON — C'est parce que t'es jaloux...

POUCET — Mais pas du tout...

CHAPERON — Tu voudrais être une fille! Tu voudrais que le grand méchant Loup te court après! C'est ça, hein, j'ai bien deviné! Tu voudrais être à ma place pour te faire manger chaque jour par le grand méchant Loup! Vicieuse!

POUCET — Écoute, tout ce que tu dis est faux! Je te dirais bien le pourquoi de ce travestissement, mais je ne peux plus!

CHAPERON — Pourquoi!

POUCET — Parce qu'à chaque fois que j'essaie, il arrive un autre personnage qui me coupe mon effet! Tu as remarqué? Dites, les enfants, vous avez remarqué, vous aussi, n'est-ce pas? Chaque fois que j'essaie de dévoiler mon grand secret, pan, ça ne manque pas, quelqu'un arrive! Voulez-vous, on va essayer? Vous allez voir que j'ai raison...

CHAPERON — Oh, oui, essayons!

BELLE — «Laissez-moi!» J'aimerais bien que le Prince charmant revienne, elle m'ennuie, celle-là... Elle parle du nez!

POUCET — Bon, très bien. (*Élevant la voix.*) Dites, tout le monde, vous aimeriez savoir pourquoi je suis déguisé en petit Chaperon rouge?

CENDRILLON — Ah, la barbe...

ANNE — J'm'en fous, moi!

LOUP — Déguise-toi tant que tu voudras, le principal c'est que tu sois mangeable!

BELLE — Vous êtes déguisé?

POUCET — S'il vous plaît, soyez coopératifs! C'est

une expérience que je veux tenter! Dites que vous voulez le savoir... pour me faire plaisir!

CENDRILLON — Bon, si tu insistes...

ANNE, *jouant faux* — Comme c'est curieux... Vous avez vu, chère amie, ce garçonnet déguisé en petite fille?

CHAPERON, *même ton* — J'aimerais bien savoir pourquoi.

LOUP — Cela me chicote moi aussi...

CENDRILLON — Demandons-lui...

ANNE, LOUP, CHAPERON — Demandons-lui...

BELLE — Laissez-moi.

POUCET — Ta gueule! Et bien voilà... La raison pour laquelle je me suis déguisé en petit Chaperon rouge, est que... (*Il regarde de tous côtés. Rien. Plus fort.*) Je me suis déguisé en petit Chaperon rouge parce que...

CHAPERON — Personne! Personne n'arrive! On va enfin le savoir pour vrai.

ANNE — Ben, dis-le!

BELLE — Non, non, laissez-moi...

CENDRILLON — Tu insistes pour tout nous dire et tu restes là, hagard... Parle!

BELLE — Non, je vous dis!

CHAPERON — Toi, la neurasthénique, on t'a pas sonnée!

BELLE — «Si le ridicule tuait, je serais seule en scène.»

LOUP, *à Poucet* — Dis-le ou je te bouffe la langue! Là!

POUCET — Vous avez vu, les enfants, je vais enfin pouvoir dévoiler mon grand secret... Et bien, ouvrez bien grandes vos oreilles d'ânes et vos yeux

44

de vaches stupides, je fonce ! Je suis déguisé en petit Chaperon rouge parce que...

Scène VI

Entre le Prince charmant avec un œil au beurre noir.

PRINCE — J'ai besoin de soins ! Une femme m'a agressé !

POUCET — Ahhhhhhh ! (*Il tombe dans les pommes.*)

BELLE — Ce petit garçon est bien bruyant.

PRINCE, *apercevant Belle* — C'est elle ! Arrêtez-la !

BELLE — Laissez-moi. Non, non, laissez-moi. Quel est cet homme falot ? Et pourquoi ne s'est-il maquillé qu'un œil ? (*Au public.*) Je crois bien que je fais ce qu'on appelle un cauchemar !

CHAPERON — « La complainte de la femme au sommeil louche ».

BELLE —
Sous une lune opaline
Dans un décor gelé
Une gargouille ailée
Survole les collines
Elle surveille en hurlant
Les coins d'ombre anthracite
Où l'or brillant des Scythes
Attise ses feux violents,
Au mitan d'une mine
Crevée, à ciel ouvert
Comme un œil gris et vert

Sur un manteau d'hermine
Gît une noble enfant
Déesse à la peau pâle
Recouverte d'un châle
Qu'une panthère défend !

Refrain

Quand tu viendras, amour
Réveiller de ta bouche
La femme au sommeil louche
Ne prends pas de détour
Depuis cent ans déjà
Cette pauvre princesse
Attend cette caresse
Qui la délivrera !
Dis-moi que tu viendras
Dis-moi que tu viendras !

Au-dessus du tombeau
Serti d'or et d'émeraude
Une faune ailée rôde
Guidée par un corbeau
Mais si un noble mâle
Toi, ô prince de ma race,
Élève la voix et chasse
Ces gardiens aux yeux pâles
Ces créatures amères
La panthère sauvage
Les oiseaux fous de rage
S'écrouleront dans la mer
La forêt tout autour
Telle une armée conquise
Pour peu que tu l'exiges
Tombera comme une tour

Refrain

Quand tu viendras, amour
Réveiller de ta bouche
La femme au sommeil louche
Ne prends pas de détour
Depuis cent ans déjà
Cette pauvre princesse
Attend cette caresse
Qui la délivrera !
Dis-moi que tu viendras
Dis-moi que tu viendras !

Quand tu verras au loin
Un château délabré
Dans un jardin marbré
Des œuvres du Malin
Ne te retourne pas
Lève très haut ton glaive
Et si le vent se lève
C'est qu'il a peur de toi
Sois sûr de ton pouvoir
Tue tout sur ton passage
Éclate comme un orage
De saphir et d'ivoire
Alors penche-toi sur celle
Qui au tombeau t'attend
Et sans perdre de temps
Pose tes lèvres sur elle.

Refrain

Quand tu viendras, amour
Réveiller de ta bouche
La femme au sommeil louche
Ne prends pas de détour

Depuis cent ans déjà
Cette pauvre princesse
Attend cette caresse
Qui la délivrera
Dis-moi que tu viendras
Dis-moi que tu viendras !

BELLE — Beaucoup de princes sont passés dans mon sommeil et se sont crus élus, mais celui que j'attends, l'homme aux yeux de braise et aux membres d'airain ne m'a pas encore trouvée, trésor caché que je suis au cœur de la forêt. Les larves me trouvent mais lui erre !

PRINCE — Je passais par là, tranquillement, je sifflais et les oiseaux me répondaient car je suis poète... Je ne pensais à rien comme celà m'arrive souvent... Je ne pensais à rien donc et j'en étais parfaitement ravi lorsque soudain et sous prétexte que je suis prince, car je suis prince croyez-moi et c'est là mon grand malheur, lorsque soudain, dis-je, les arbres s'agitent autour de moi, le tonnerre sans crier gare foudroie un vieux chêne qui ne lui avait rien fait et qui faisait tranquillement ses glands, les oiseaux se taisent, la terre s'entrouve ; se crevasse et se perce... et mon cœur s'arrête. Et qu'aperçois-je au milieu d'un vieux jardin envahi par les herbes folles ? Elle ! Cette garce ! Cette harpie qui, sous des airs de sainte nitouche cache un tempérament de poissonnière et des désirs inassouvis de lingère vicieuse ! Je parle de poissonnière et de lingère, comme ça... Ne croyez pas que je sois raciste ou que je méprise le peuple mais lorsqu'on cherche des vices, c'est là qu'on les trouve, n'est-ce pas ? C'est ce qu'on m'a toujours enseigné afin que je gouverne comme un vrai roi, un jour, quand mon sénile de père se sera enfin décidé à desserrer ses griffes de vautour d'autour du sceptre royal! Alors, donc, je trouve cette... dame que j'appellerais d'un autre nom si elle n'était pas princesse et moi-même du même sang... Cette... dame *qui faisait semblant de dormir*! J'en suis convaincu! Elle ne dormait pas vraiment! Je vous le jure, cette femme est un piège à princes! Je m'approche donc, par simple curiosité, car soit dit entre nous les princesses ne m'excitent pas tellement. Mes goûts sont... ailleurs. Je m'approche donc et soudain un désir de l'embrasser, un désir bas et vulgaire, un désir... comment dirais-je, désir bestial, s'empare de moi et me terrasse! Sans réfléchir, je me jette sur cette... cette... femme, la prends dans mes bras et l'enlève! Nouveau coup de tonnerre. Un autre chêne innocent tombe et les oiseaux se remettent à chanter. Et j'arrive ici, au milieu de vous, inquiet et indécis, et vous me chassez comme un vulgaire imposteur! Malheur à moi! Aussitôt que je quitte cette clairière mon appétit bestial me reprend et je me mets à embrasser goulûment ce morceau de glace à la peau cadavérique et aux lèvres laiteuses! Alors... Alors... Malheur à moi! Cette Gorgone se réveille ou fait semblant de se réveiller, me regarde deux secondes et me dit:

BELLE — C'est un vrai mâle que je cherche, les mignons me font vomir!

PRINCE — Et elle me met son poing dans la figure.

BELLE — Que pouvais-je faire d'autre? Vous me tripotiez sans plaisir et je le sentais!

PRINCE — Vous n'aviez qu'à me signifier mon congé et j'aurais été le plus heureux des hommes!

49

BELLE — Des hommes?

PRINCE — Vous êtes une brute, madame!

BELLE — Laissez-moi. Vous m'ennuyez. Je voudrais me rendormir et me réfugier dans mon sommeil zébré de mâles glorieux et vous oublier tous, faquins.

PRINCE — Ah, non, on ne me la fait plus, celle-là! Je vous dois un coup de poing, madame, et c'est ici, devant ces gens que je ne connais pas mais qui me semblent décents que je vous le remettrai!

BELLE, *bâillant* — Au secours. Aidez-moi. Cette estafette veut me brutaliser.

LOUP, *au Prince* — Monsieur... Je comprends votre trouble bien légitime mais on ne frappe pas une femme en pleine figure ni même en pleine forêt, surtout lorsqu'elle est princesse comme vous l'êtes vous-même, je veux dire lorsqu'elle est princesse comme vous êtes prince vous-même!

PRINCE — Vous avez peut-être raison. Cette femme ne mérite pas mon gant! Vous êtes bien le grand méchant Loup, si je ne m'abuse et si je me fie à cette odeur rance mais non sans charme qui se dégage de votre fourrure?

LOUP — En effet, en effet, j'ai ce plaisir...

PRINCE — Et si je vous engageais pour la manger?

LOUP — Elle! Non, merci, je déteste les plats froids! D'ailleurs, vous m'excuserez, mais mon déjeuner m'attend. Allez, hop, les enfants, c'est l'heure du casse-croûte!

POUCET — Ah non, on va pas recommencer ça!

CHAPERON — Attendez un peu, quoi, on veut voir la suite!

LOUP — Mais c'est que j'ai faim, moi, cornediable!

POUCET — Ben oui, et nous aussi! Et pourtant nous ne parlons pas de vous manger! Quoique ce ne serait peut-être pas une mauvaise idée!

LOUP — Me manger, moi!

CHAPERON — Pourquoi pas, après tout...

LOUP — C'est ridicule, voyons... Les enfants, ça ne mange pas de loups, les enfants, ça a peur, très peur, très très très peur des loups, les enfants ça doit mourir de peur devant le grand méchant Loup et je saurai bien vous faire reprendre la bonne route, croyez-moi! Je l'ai promis aux enfants et je tiendrai parole!

BELLE — Les enfants? Ils sont encore là, eux? À leur place, moi, il y a longtemps que je serais partie dormir.

LOUP — Vous ne pensez qu'à ça...

BELLE, *toisant le Loup* — Vous croyez? Approchez, vilain garnement que je voie si par hasard un prince ne se cacherait pas sous cette fourrure fauve!

PRINCE — Ce loup est à moi, madame!

LOUP — Eh, oh! oh! Attention, je ne suis à personne encore!

PRINCE, *le reluquant* — Alors, faites votre choix...

BELLE, *au public* — Si le ridicule tuait, la tête de ce prince éclaterait comme une pastèque au soleil!

POUCET — Idiots! Ils sont tous idiots! Trois princesses, un prince, un loup et tous cinglés!

CHAPERON — Et toi, de quoi t'as l'air, crois-tu, avec tes galettes et ton pot au beurre?

BELLE — «La chanson des deux enfants au bois rêvant».

POUCET —

    Parfois je rêve à une histoire
    Où les enfants qui en ont marre
    Des loups, des ogres et des princesses
    Des Rapunzel aux longues tresses
    Des fées, des rois, des trois cochons
    Des pauv'enfants du pauv'bûcheron
    Pourraient enfin, oh quelle chance
    User de leur intelligence!

POUCET ET CHAPERON —

    Existe-t-il un conte pas bête
    Écrit par un ancien enfant
    Qui se souvient qu'les éléphants
    Sont pas humains, mais juste des bêtes!
    Existe-t-il une belle histoire
    Qu'on peut raconter en famille
    Qui dit l'amour et qui fourmille
    D'idées nouvelles et non de gloire
    Existe-t-il une belle histoire?

CHAPERON —

    Parfois je rêve à la maison
    D'avoir une mère intelligente
    Qui m'enverrait voir ma grand-mère
    Après avoir tué le Loup!
    Parfois je rêve, ai-je raison
    Et si j'ai tort, qu'on me démente
    De traverser une clairière
    Sans rencontrer le maudit Loup!

POUCET ET CHAPERON —

    Existe-t-il un conte pas bête
    Écrit par un ancien enfant
    Qui se souvient qu'les éléphants
    Sont pas humains, mais juste des bêtes!
    Existe-t-il une belle histoire

Qu'on peut raconter en famille
Qui dit l'amour et qui fourmille
D'idées nouvelles et non de gloire
Existe-t-il une belle histoire?
J'aime mieux chanter et rire et vivre
Que par un prince être embrassée
Ou par un loup être mangée
Ou par un soulier être blessée
Ou par sept nains être violée
Ou par mon père abandonnée
J'aime mieux chanter et rire et vivre
J'aime mieux chanter et rire et vivre!

CENDRILLON — Ces deux petits ont peut-être raison...

BELLE — Ah! Il est difficile d'être une héroïne!

PRINCE — Ah!!! Vous trouvez ça difficile, vous, de rester étendue pendant cent ans en vous faisant réveiller de temps à autre par les baisers passionnés de princes charmants de passage! J'aimerais bien être à votre place!

BELLE — Je m'en doute un peu...

PRINCE — Vous croyez peut-être que c'est facile de faire le Prince charmant? D'arriver, comme ça, bêtement, à la fin des histoires, sur son cheval blanc et de disparaître dans le décor de carton-pâte sans avoir prononcé un seul mot! Et bien moi, madame, j'appelle ça faire de la figuration et figurez-vous que j'en ai assez de faire de la figuration!

ANNE — Mieux vaut faire une figuration intelligente et faire bonne figure que de se taper un premier rôle et de se casser la gueule! N'est-ce pas, mesdames?

BELLE — C'est pour moi que vous dites ça?

ANNE — Si le chapeau vous va...

BELLE — Tous les chapeaux me vont, madame, sauf celui-là!

ANNE — Et bien, ajoutez-le à votre collection!

BELLE, *au public* — Si le ridicule tuait, le teint de cette pauvre fille serait la cause d'un bien grand malheur!

CHAPERON — Et bien moi, ma mère-grand m'attend et j'en ai assez de me trimbaler avec mon double! Si vous voulez bien m'excuser...

LOUP — Je vous suis!

CHAPERON — Je m'en doutais un peu...

BELLE et PRINCE — Vous ne restez pas avec nous, Loulou?

CENDRILLON — Ma foi, assisterons-nous à un duel? Je me demande bien qui gagnera les faveurs du grand méchant Loup... La Princesse aux marrons glacés ou le Prince aux fruits confits!

POUCET, *au Chaperon* — Moi aussi, je te suis...

CHAPERON — Ah non! Toi tu restes ici et tu fais le guignol devant les enfants! C'est toi qui es arrivé le premier, alors à toi de te débrouiller avec eux! Ils sont venus pour rire, alors sors ta panoplie de grimaces et de contrepèteries... ou plutôt non, reste comme tu es, tu es beaucoup plus drôle.

Coups de tonnerre.
L'éclairage baisse.
Les personnages sont frappés de stupeur.
On sent que quelque chose de terrible va se passer. Longue introduction à la Verdi où plane la terreur pure.

LES SEPT PERSONNAGES —
Mon cœur se glace!
Ah! quel émoi

Qu'est-ce qui se passe
À l'aide! À moi!
Le ciel explose
Ah! quelle horreur!
Qui est la cause
De ce malheur!
etc., etc., etc.

Carabosse apparaît soudain, habillée comme Denise Filiatrault dans le personnage de Pierrette Guérin des «Belles-Sœurs».

CARABOSSE — Salut, tout le monde!
LES SEPT AUTRES — Carabosse! Horreur!

Noir

ACTE II

Scène VII

Les personnages sont immobiles dans la même position qu'à la fin du premier acte. Belle tourne très lentement la tête vers le public.

BELLE — Si le ridicule tuait, le costume de cette femme la rendrait célèbre!

CARABOSSE — Quoi! Qu'est-ce que j'entends! On parle de moi, là-bas!

BELLE — Vous faites vraiment tout pour vous faire remarquer, madame, alors ne vous étonnez de rien!

CARABOSSE, *s'approchant de Belle* — Ah, une forte tête...

BELLE, *regardant Carabosse de la tête aux pieds* — Je crois que je vais aller me coucher... j'en ai assez vu pour aujourd'hui.

CARABOSSE — Vous oseriez dormir en ma présence!

BELLE — J'oserais beaucoup d'autres choses devant vous si je n'étais une dame... madame.

CARABOSSE — Vous n'avez pas peur de moi!

BELLE — Mais si... mais si... si ça peut vous faire plaisir...

CARABOSSE — Attention, j'ai le bras long...

BELLE — Et nu... ce qui n'est pas de très bon goût...

POUCET, *à Chaperon* — Elle aussi elle est déguisée... Je me demande si c'est pour la même raison que moi...

CHAPERON — Si je savais pourquoi tu es déguisé je pourrais te répondre...

POUCET, *au public* — J'la tue?

CARABOSSE — Tuer! Qui parle de tuer? Qui ose parler de tuer en ma présence?

POUCET ET CHAPERON — C'est elle (lui).

CARABOSSE — Sachez, enfants ignares et tremblotants, qu'on ne parle jamais de tuer devant Carabosse! Tuer est *mon* héritage, le meurtre est *ma* propriété! Je porte l'assassinat à mon corsage et le carnage en aigrette!

CENDRILLON — Belle mentalité!

CARABOSSE — J'ai un manteau piqué de génocides et dans ses replis profonds treize peuples complets hurlent encore de douleur!

ANNE — Édifiant, vraiment!

CARABOSSE — Des nuées d'enfants sont morts par ma main et des ribambelles d'autres me supplient à genoux de pratiquer sur eux l'euthanasie délivrante, épuisés qu'ils sont par la souffrance et les privations!

PRINCE, *au Loup* — Dites, ça vous dérangerait beaucoup si je me cachais derrière vous?

LOUP — Euh... j'allais justement vous demander la même chose!

CARABOSSE — Je suis tellement méchante que chaque année au congrès des fées tout le monde vote

60

pour moi! Je suis élue reine chaque printemps et je n'ai jamais posé ma candidature! Je sème la terreur et j'en récolte les ronces! Je piétine le blé et je bichonne l'ivraie! Je suis l'ivraie fatale et fatidique qui étouffe la fleur et qui la bouffe!

BELLE — Mais non, vous n'êtes qu'une herbe folle...

CARABOSSE — Qui ose m'interrompre dans mon envolée?

BELLE — Pas moi. Je dors.

CARABOSSE — Et ma beauté foudroyante ravage le monde depuis des siècles! Oui, j'ai passé à travers toutes les époques en piétinant un tapis d'hommes stupides devant ma beauté et par elle humiliés jusqu'au supplice! Je compte même des victimes dans l'avenir! Oui, dans l'avenir! Des hommes qui ne sont pas encore nés se meurent déjà d'amour et se pâment déjà jusqu'à la suffocation pour mes chevilles délicates et souples, pour mes jambes de biche en ivresse, pour mon ventre plat, et dur, et exigeant, pour mes seins soyeux sertis de subtiles senteurs et savoureux comme des songes, pour ma tête enfin, ma tête fière et lointaine, mon port de reine, ma bouche dédaigneuse aux lèvres lippues, mes paupières lourdes comme un rideau de théâtre après un triomphe, mes narines transparentes comme les ailes d'un papillon nocturne et dangereux, mes oreilles délicates comme des coquillages lavés par la mer et cristallisés par son sel... Enfin bref, ma beauté est telle que tous les hommes passés, présents et futurs sont mes esclaves consentants et serviles!

CHAPERON — Est-ce là ce qu'on appelle un style fleuri?

POUCET — Si tu veux... Mais pour ma part je trouve qu'il y a abus de comparaisons et d'adjectifs...

CARABOSSE — Ma beauté est telle que même sous ce déguisement futuriste et ridicule je pourrais faire tourner la tête de n'importe quel mâle digne de ce nom...

LOUP — Tout à coup, je ne me sens plus très digne...

PRINCE — Ma tête tourne, en effet, mais pas pour les mêmes raisons... J'aurais comme une nausée...

CARABOSSE — Je suis belle...

BELLE — Non, c'est moi!

CARABOSSE — Je suis belle et tellement méchante que mes jouissances ont des goûts de cataclysmes! Sachez... Sachez que chaque fois que je jouis un malheur éclate et que ce malheur est la cause de mes jouissances suivantes!

CENDRILLON — Et elle n'a même pas de cernes sous les yeux!

CARABOSSE — Je suis méchante!

ANNE — Si je lui demandais la recette de son maquillage...

CARABOSSE — Je suis méchante!

POUCET — Je ne comprends pas tout ce qu'elle dit mais j'ai comme l'impression qu'elle ne m'est pas très sympathique!

CARABOSSE — Je suis méchante!

CHAPERON — Moi, je comprends ce qu'elle dit... et je crois bien que je l'envie un peu...

BELLE — «Les métamorphoses d'une mythomane» ou «Carabosse's blues».

CARABOSSE —

Quand Ève la Première tendit le fruit à l'homme
Et que sous son regard il croqua dans la pomme

Un rire foudroyant perça le Paradis
Et la femme soudain reprit la pomme et dit:
«Adam, pauvre innocent, tu t'attires des bosses
Car celle qui te parle n'est autre que Carabosse
Je t'ai à ma merci et si Dieu nous surprend
J'inventerai s'il le faut une histoire de serpent!»
La grande Eva, c'était moi! C'était moi! C'était
                                                [moi

Il est dit que Samson avait de longs cheveux
Et que pour rester fort il avait fait un vœu
Mais vint un jour à lui une femme aux yeux lilas
Son nom, vous le savez, elle s'appelait Dalila.
«Samson, mon pauvre chou, tu t'attires des bosses
Car celle qui t'embrasse n'est autre que Carabosse
Pour expliquer à Dieu ton mollissement des os
J'inventerai s'il le faut une histoire de ciseaux!»
Car Dalila, c'était moi! C'était moi! C'était moi!

Vous connaissez l'histoire des deux amants
                                              [coupables
Elle sortit d'un tapis, lui roula sous la table
Hélas ce grand amour à César fut fatal
La belle Cléopâtre n'était qu'un animal!
«César, pauvre couillon, tu t'attires des bosses
Car celle qui te baise n'est autre que Carabosse
Si ton Dieu nous surprend et veut que je m'éloigne
J'inventerai s'il le faut un flirt avec Antoine!»
Car Cléopâtre c'était moi! C'était moi! C'était moi!

Le roi de France, hélas, était un peu benêt
Et Toinette sa femme aimait les gros bonnets
Elle le trompait surtout, et là, vraiment c'est trop
Avec un magicien nommé Cagliostro!
«Louis numéro seize, tu t'attires des bosses
Car celle qui te trompe n'est autre que Carabosse

Pour expliquer au peuple misère et pauvreté
J'inventerai s'il le faut une histoire de collier!»
Car Antoinette c'était moi! C'était moi! C'était
                                              [moi!

Elle toussait si fort que son cercle d'amis
Décida un bon soir de lui trouver mari
Mais le père de l'élu n'aimait pas que son gars
Partage sa couche avec la dame aux camélias!
«Armand, mon pauvre ami, tu t'attires des bosses
Car celle qui crachote n'est autre que Carabosse
Et si ton père exige que je m'en aille un jour
J'inventerai s'il le faut une vraie histoire d'amour!»
La Gauthier c'était moi! C'était moi! C'était moi!

Dans le rôle de Lola Lee et celui de Rose Ouimet
Dans le rôle de Carlotta et dans celui d'Pierrette
Elle était tellement bonne la grande Filiatrault
Que tous disaient: Allons, Denise, vraiment, c'est
                                              [trop!
«Public mon bel ami, tu t'attires des bosses
Car celle qui joue devant toi n'est autre que
                                              [Carabosse
Et si t'es fatigué et si tu m'as trop vue
J'inventerai s'il le faut une histoire de p'tites vues!»
Car Filiatrault c'était moi! C'était moi! C'était
                                              [moi!

Je les ai tous baisés, je les ai tous tués
Je les porte à mon coup comme on porte un collier
Mille fois je fus fatale à ce sexe idiot
Qui se croit le plus fort et qui le crie trop haut!
Je fus Mata-Hari et je fus Messaline
Je fus Lucrèce Borgia et je fus Marylin
Je fus Élisabeth, la première du nom

Car la deuxième, vraiment, est une vraie guenon!
Et je serai encore et je serai toujours
Carabosse-la-mort, Carabosse l'amour!
Je veux une fois pour toutes exterminer les hom-
[mes
Et quand ils seront tous morts *je* croquerai la
[pomme
Je garderai pour moi les mystères de la vie
Messieurs, je vous préviens, c'est mon dernier avis!
Et si vous entendez une voix laide et méchante
Tremblez et dites-vous bien: « C'est Carabosse qui
chante! »
Je suis méchante! Je suis méchante! Je suis mé-
chante! Et j'aime ça!
And one more time, Baby!
Je suis méchante! Je suis méchante! Je suis
Et j'aime ça!   [méchante!

Scène VIII

BELLE — Si le ridicule tuait, cette gorgone hystérique
     aurait déjà son épitaphe gravée sur son tombeau
     de famille! Et depuis longtemps!

CARABOSSE, *tout bas* — Mais, au fond, je ne suis
     qu'une affreuse petite bourgeoise...

CHAPERON — Je vous comprends, madame, de détes-
     ter ainsi la gent masculine... Moi, par exemple...

CARABOSSE, *la coupant* — Mais tu ne comprends
     donc pas, il faut que je le dise, enfant stupide et
     laide, que tout cela est faux!

CHAPERON — Quoi!

CARABOSSE — Tu ne comprends donc pas que sous cette hargne vengeresse, sous ce fatras de cris stridents et sous ce fleuve de lave colérique... se cache la fleur délicate, le souffle printanier, la brise légère et la rosée matinale... d'un cœur rempli d'amour! Oui, d'amour! Enfin, j'ai dit le mot! Comme Phèdre à sa suivante j'avoue et j'en meurs! J'aime, enfant, là est mon insondable drame...

CHAPERON — Je ne comprends plus très bien...

CARABOSSE — Soi mon Oenone, fillette, et si tu le veux, en récompense, je tuerai ta jumelle...

POUCET — Meeeeerde!!! *(Il arrache sa cape et la piétine.)*

POUCET — Voilà ce que j'en fais de la jumelle! Et tiens! Et tiens encore! Je la piétine, la jumelle et si j'étais plus fort je la déchirerais en lambeaux! En lambeaux, la jumelle! À mort, la jumelle! Sus à la jumelle! Qu'on l'écorche, qu'on l'étripe, qu'on la pende, qu'on la brûle! Je ne veux plus entendre parler de ce déguisement ridicule! Je tue, vous m'entendez, je tue le premier qui ose me dire que je ressemble encore à ce paquet de guenilles rouges. *(Il s'approche du public.)* Vous m'avez bien compris, bande de bêtas butés? *(Il s'arrête pile.)* Mais enfin, Poucet, tu es en train de perdre patience. Il ne faut pas. *(Il ramasse son déguisement.)* Surtout pas devant les enfants! Ne croyez rien de ce que je viens de dire, les enfants. C'était pour rire. J'espère que je vous ai fait une belle grosse peur, mais c'était juste pour rire! Je suis un Petit Poucet docile et jamais je ne me fâche! Après tout, si un malentendu règne depuis ce matin, c'est bien ma faute... Voyez-vous, je

me suis déguisé en petit Chaperon rouge pour...
parce que...

*Carabosse s'est approchée de lui et lui pose la
main sur la bouche.*

CARABOSSE — Ta jumelle est bien bavarde, Chape-
ron. *(Elle regarde les spectateurs.)* Et que font ces
petits enfants dans la forêt?
CHAPERON — Ces enfants sont venus pour nous,
madame. C'est le public.
CARABOSSE — Ah, oui, le public... Et on peut les
ignorer, ces petits monstres, si on veut?...
CHAPERON — Mais oui, madame...
CARABOSSE, *méprisante* — Alors, je les ignore.
(Elle s'éloigne vers le fond)
POUCET, *à Chaperon* — J'suis tout sale, maintenant.
Il faudrait que tu te salisses un peu...
CHAPERON — Et quoi encore! Tu voudrais peut-être
que je baisse mon quotient intellectuel pour être
à ton niveau, taré!

Le Loup s'est approché en hésitant de Carabosse.

LOUP — Que madame me pardonne...
CARABOSSE — Éloigne-toi, fauve!
LOUP — Mais, madame...
CARABOSSE — Je t'ai déjà dit de disparaître de ma
vue... à jamais! Cruel!
BELLE — Ils se connaissent!
ANNE — Vous vous connaissez?
CARABOSSE, *à Chaperon* — Viens, enfant, éloignons-
nous dignement.
LOUP — Madame, je m'excuse d'insister ainsi, mais...
l'heure de mon repas est largement dépassée et
cette enfant était justement sur mon menu...

CARABOSSE — Monstre! Monstre! Tu m'enlèveras donc toujours tout! Pourquoi ne grignotes-tu pas l'autre jumelle, hein? Pourquoi précisément celle-ci, hein? Parce qu'elle est à moi? Uniquement parce que j'ai tendance à m'attacher à elle et à me l'attacher? Tu veux donc me dépouiller jusqu'à l'os!

LOUP — Madame, s'il vous plaît, un peu de retenue... Devant tous ces gens que vous êtes sensée terroriser... Devant ces enfants qui sont venus ici avec l'espoir que vous leur feriez passer des frissons partout et qu'ils retourneraient chez eux en mourant de peur!

CARABOSSE — Quels enfants! Je ne vois ici que de petits animaux négligeables, négligés et que je néglige. Pour ce qui est de toi, ne pose plus jamais ton regard animal sur moi. Tu m'entends? Jamais! *(Elle s'éloigne, tragique.)*

CENDRILLON — C'est vraiment ce qu'on peut appeler une volte-face catégorique! Elle arrive ici en lionne, elle repart en brebis!

ANNE — Je devrais en profiter pour lui demander de me faire peau neuve. Après tout, elle est ma marraine.

BELLE — Elle aurait pu vous saluer, au moins...

Carabosse tourne la tête vers elles.

CARABOSSE — Carabosse ne salue jamais. *(Elle détourne la tête.)* Bonjour, Anne, ça va?

ANNE, *Anne se précipite vers elle* — Vous osez me demander comment ça va! Vous osez! Vous!

CARABOSSE — Voilà pourquoi Carabosse ne salue jamais...

ANNE — Vous qui êtes la cause de tout! Vous me faites infirme, vous disparaissez pendant des années et ensuite hop, bonjour, Anne, comment ça va! Et vous croyez vous en tirer comme ça! Vous venez jusqu'ici me narguer et je vous laisserais rire de moi sans réagir! Je vais mal, marraine, très mal, merci à vous! Au lieu de se décoiffer devant moi, les hommes se déculottent à force de rire, c'est bien ça que vous vouliez?

BELLE — Ça y est, une autre qui part! Réfugions-nous dans notre sommeil d'encre de Chine et de soie moirée...

ANNE — Je fais peur aux enfants de deux ans et les vieillards se signent sur mon passage, êtes-vous heureuse? Hier encore un petit berger a failli avaler son flûtiau en me voyant et s'est jeté à genoux en hurlant: «Un serpent! Un serpent!»

CARABOSSE — Ne t'en fais donc pas pour si peu... Un jour, je t'enverrai un Prince...

ANNE — Un Prince!

CENDRILLON — Un Prince!

BELLE, *se relevant d'un bond* — Un Prince!

LES TROIS PRINCESSES — Ah, non!

ANNE — Mais je n'en veux plus de votre Prince! J'en ai assez d'attendre et d'attendre et d'attendre pendant que ma peau sèche et tombe en plaques! Nous en avons justement un, de Prince, sous la main *(Elle va chercher le Prince qui était toujours caché.)* Et voyez de quoi il a l'air! C'est ça ma récompense pour tant d'années de souffrance? Mais regardez-le un peu! Qui donc voudrait s'embarrasser d'un pareil fantoche frisé!

CENDRILLON — J'aimerais mieux continuer à laver les planchers de Marti toute ma vie plutôt que

de finir mes jours dans les bras d'un pareil manche
à balai!

BELLE — J'en ai assez des garçonnets graciles que
vous m'envoyez régulièrement comme si j'étais
une ogresse aux dents cariées!

LES TROIS PRINCESSES — Je veux un homme, un
vrai!

LE PRINCE — «Le trio de la colère» ou «Beautiful
but dum».

LES TROIS PRINCESSES —

On m'a juré, on m'a promis, à ma naissance
De me donner un bon mari tout plein d'aisance
Un homme parfait, un fils de roi, un Prince
                                    [charmant
Qui f'rait de moi une femme comblée, une maman
On m'a juré, on m'a promis, on m'a dupée
On m'a promis, on m'a juré, on m'a trompée!

Car...

Celui que j'attendais
Ne s'est jamais montré
Et même si mon portrait
À beaucoup circulé
Ne sont venus à moi
Que de faiblards enfants
Oh oui, des fils de rois
Mais pas d'hommes vraiment!
Des garçons fatigués (ah oui!)
Des petiots fardés (ah oui!)
De pâlots garçonnets (ah oui!)
Et de boutonneux niais! (ah oui!)
Mais pas d'hommes! Mais pas d'hommes! Mais
                                    [pas d'hommes!

70

Mais pas d'hommes! Mais pas d'hommes! Mais
[pas d'hommes!
I'm telling you, sometimes they're beautiful but
[dum!
Ils sont très beaux, ils sont charmants et ils sont
[gais
Ils ont les yeux comme des diamants et même
[bridés
Ils savent jouer de la guitare et de la flûte
Et quelques-uns savent même pousser le contre-ut!
On m'a juré, on m'a promis, on m'a dupée
On m'a promis, on m'a juré, on m'a trompée!

Car...

Celui que j'attendais
Ne s'est jamais montré
Et même si mon portrait
À beaucoup circulé
Ne sont venus à moi
Que de faiblards enfants
Oh oui, des fils de rois
Mais pas hommes vraiment!
Des enfants surdoués (ah oui!)
Des monstres attardés (ah oui!)
De jolis matelots (ah oui!)
Et de fragiles bibelots (ah oui!)
Mais pas d'hommes! Mais pas d'hommes! Mais
[pas d'hommes!
Mais pas d'hommes! Mais pas d'hommes! Mais
[pas d'hommes!
I'm telling you, sometimes they're beautiful but
[dum!

J'ai décidé que dès demain et même ce soir
J'allais changer, me réveiller, vous allez voir

J'irai moi-même chercher mon homme et s'il le
[faut
Je cracherai à la figure de ces dévots
Qui m'ont juré, qui m'ont promis, qui m'ont dupée!
Qui m'ont promis, qui m'ont juré, qui m'ont
trompée!

Car...

Celui que j'attendais
Ne s'est jamais montré
Et même si mon portrait
A beaucoup circulé
Ne sont venus à moi
Que de faiblards enfants
Oh oui, des fils de rois
Mais pas hommes vraiment
Mais si je trouve un homme (ah oui!)
Un vrai, un mâle en somme (ah oui!)
Même si je sais que c'est mal (ah oui!)
J'l'enlève sur mon cheval (ah oui!)
Je s'rai l'homme! Je s'rai l'homme! Je s'rai
[l'homme!
Je s'rai l'homme! Je s'rai l'homme! Je s'rai
[l'homme!
Je s'rai l'homme! Je s'rai l'homme! Je s'rai
[l'homme!
I'm telling you, sometimes they're beautiful but
[dum!

Scène IX

BELLE, *s'approchant du Loup* — Moi, je sais déjà qui j'enlèverais sur mon cheval bai... Mon choix ne serait pas... disons... nécessairement humain...

Carabosse tourne brusquement la tête vers Belle et le Loup.
Le Loup se gourme.

LOUP, *intimidé* — Mesdames, votre compagnie m'est fort agréable mais de bien vilains borborygmes montent de mon estomac vide et je ne voudrais pas vous imposer mon... euh... mes... mes indispositions... euh...

BELLE — J'aime quand le Loup preux rougit!

CARABOSSE — Je déteste quand la Princesse pâle s'approche trop près du Loup preux!

BELLE — J'ai cru remarquer que ce Loup provoquait chez une certaine sorcière de ma connaissance des réactions plutôt... bizarroïdes et anormales.

CARABOSSE — J'ai cru remarquer que l'odeur de ce même fauve provoquait chez une certaine princesse que je méprise des réactions indignes d'une femme du rang qu'elle prétend avoir...

BELLE — Est-ce que par hasard la reine des fées se commettrait avec des bêtes?

CARABOSSE — Existe-t-il seulement une bête assez bête pour se commettre avec certaine Belle?

BELLE — On m'a déjà dit que Carabosse traînait derrière elle un cortège d'enfants squameux et difformes qu'elle aurait eus avec certains amants de passage dont on osait même pas avouer les origines...

CARABOSSE — On m'a déjà dit que Belle, soi-disant au bois dormant, était plutôt aux aguets dans les fourrés et que tout ce qui s'appelle mâle, animal, végétal et même minéral, se trouvait dans une situation très précaire quand les yeux de cette... femelle tombaient sur lui...

BELLE — Est-il vrai, madame, que votre balai ne vous sert pas uniquement pour voler?

CARABOSSE — Est-il vrai, madame, que votre tombeau est littéralement couvert de graffiti obscènes dignes d'un cerveau dérangé?

BELLE — N'est-il pas vrai, Carabosse, que vous avez gravé ces graffiti vous-même pendant les soirs d'orage où le Loup était parti courir le guilledou?

CARABOSSE — N'est-il pas vrai, Belle, que vous m'empruntez quelquefois mon balai sous prétexte de nettoyer votre écurie de tombeau et que le lendemain Votre Grâce est plus calme et surtout beaucoup plus pâle?

LOUP — Mesdames! Ça suffit! Un mot de plus et nous tombons dans la pornographie devant ces pauvres enfants dont je vois les yeux innocents se remplir de larmes!

BELLE — Tombons, mon cher, tombons!

CARABOSSE — Vous y êtes déjà, ma chère, restez-y!

Le Prince lui aussi s'est approché du Loup.

PRINCE — Moi aussi mon choix serait différent de celui qu'on me fait toujours prendre à la fin des histoires... si moi aussi j'avais le choix...

BELLE — Ça ne m'étonne pas!

PRINCE — Et pourquoi pas? Belle, si nous partageons les mêmes goûts et si nous sommes prisonniers des mêmes règles ridicules, pourquoi ne serions-nous pas amis?

BELLE — Si le ridicule tuait, adolescent pervers, vous mourriez avant de chanter la ballade que je vais maintenant annoncer. *(Elle le regarde quelques secondes.)* Alors, j'annonce! «La ballade du jeune homme qu'on voit toujours de loin».

Le Prince hésite quelques secondes puis vient s'asseoir sur le bord de la scène.

PRINCE —
Dans le fond du décor
Devant le faux ciel bleu
Sous un chapeau affreux
Parfois au son du cor
Paraît un beau jeune homme
Sur un grand cheval blanc
C'est le Prince charmant
Qui vient chercher bobonne!
Il descend de cheval
Sans dire un mot, le pauvre
Et même si il est mauve
Il embrasse le corps pâle!
Qu'il ait dédain ou non
De cette chair glacée
Le Prince est obligé
De lui donner son nom!

Refrain

Je suis un être humain
Et ma vie n'est pas gaie
Car je suis fatigué
Qu'on m'aperçoive de loin!
Moi aussi j'ai besoin

D'amour et de caresses
Je ne suis pas princesse
Mais j'ai peur à demain !
Oui, moi aussi j'ai peur !
Et je veux qu'on m'enlève !
Oui je veux qu'on m'enlève
Enlevez-moi, quelqu'un !

On m'aperçoit toujours
Un grand sourire aux lèvres
Et dans mon regard mièvre
Qui se veut de velours
Toute la bêtise humaine
Et c'est hélas mon lot
Comme un bouchon sur l'eau
Suit la vague et me mène !
Mais tout ça est mensonge
Je vous le dis c'est faux !
Je ne suis pas un sot !
Je ne suis pas un songe !
C'est vrai que je suis prince
Et même un peu charmant
Mais il y a des moments
Où ma pauvre âme grince !

Je suis un être humain
Et ma vie n'est pas gaie
Car je suis fatigué
Qu'on m'aperçoive de loin !
Moi aussi j'ai besoin
D'amour et de caresses
Je ne suis pas princesse
Mais j'ai peur à demain
Oui, moi aussi j'ai peur !
Et je veux qu'on m'enlève !

Oui je veux qu'on m'enlève!
Enlevez-moi quelqu'un!

De ma vie je n'ai eu
Une seule réplique à dire
Je ne fais même pas rire
Je passe et je salue!
J'arrive juste à la fin
Pour embrasser la fille
Qui d'après ma famille
Apaisera ma faim!
Mais qui peut se vanter
De connaître ma faim
Mais qui peut dire enfin
Que je suis un raté!
Mon drame n'est pas mince
Et tant pis s'il vous fait rire
Je vais quand même vous dire
Que je rêve à un Prince!

Je suis un être humain
Et ma vie n'est pas gaie
Car je suis fatigué
Qu'on m'aperçoive de loin!
Moi aussi j'ai besoin
D'amour et de caresses
Je ne suis pas princesse
Mais j'ai peur à demain!
Oui, moi aussi j'ai peur!
Et je veux qu'on m'enlève!
Oui je veux qu'on m'enlève!
Enlevez-moi quelqu'un!
Enlevez-moi quelqu'un!
Enlevez-moi quelqu'un!

PRINCE — Voilà. Je retourne au fond du décor et vous n'entendrez plus parler de moi.

BELLE — Et bien tant mieux ! Vous êtes assommant, à la fin ! Vos problèmes n'intéressent personne ! De toute façon, personne ne veut de vous !

POUCET — Moi, je le trouve assez sympathique. Mais je n'ai pas compris de quoi il parlait...

CHAPERON — Ignorant !

POUCET — Et toi, tu as compris, je suppose ?

CHAPERON — Certainement, que j'ai compris !

POUCET — Alors de quoi parlait-il ?

CHAPERON — Tu ne le sauras pas, tu es trop curieux !

POUCET — Je le savais, tu n'as rien compris toi non plus !

CHAPERON — Si, j'ai compris !

POUCET — Pas du tout !

CHAPERON — Si !

POUCET — Alors dis-le !

CHAPERON — Non !

CARABOSSE — Les enfants, si vous prononcez une parole de plus je vous transforme en crapauds !

BELLE — Je croyais que c'était déjà fait !

CARABOSSE — Et vous en poule couveuse !

CHAPERON et POUCET — Je croyais que c'était déjà fait !

CENDRILLON, *à Carabosse* — Madame, j'ai à vous parler... Vous êtes reine ; peut-être pouvez-vous m'aider... C'est au sujet d'une injustice qui m'a été faite.

CARABOSSE — J'adore les injustices ! Racontez-moi ça !

CENDRILLON — Voilà. Marti, ma belle-mère...

CARABOSSE — J'adore Marti ! Elle est tellement laide, et basse, et méchante ! Comment va-t-elle, la chère femme? Oh, mais je sais de quoi vous voulez m'entretenir! C'est au sujet de votre petit château qui a été détruit, je suppose? Elle l'a donc fait? Quelle bonne blague! Vous savez que c'est une idée à moi! Entre nous, Marti est très sadique mais elle n'aurait jamais pensé à poser un acte aussi gratuitement vicieux! Après vous avoir battue, après vous avoir privée de nourriture, après vous avoir humiliée, la pauvre mégère ne savait plus quoi inventer! Alors je lui ai dit: «Marti, ma pauvre Marti, mais vous manquez totalement d'imagination! Attaquez-vous enfin à l'héritage de cette enfant, il est grand temps! Je ne sais pas, moi, volez-lui son argent, démolissez-lui ses châteaux...» Car vous avez beaucoup d'argent, le saviez-vous, Cendrillon? Non? Mais si! Votre père vous a laissé une énorme fortune! Vous l'ignoriez? Et bien j'ai le très grand plaisir de vous apprendre que Marti vous a complètement lessivée! N'est-ce pas à mourir de rire? Enfin, je lui ai dit: «Pourquoi ne feriez-vous pas sauter le petit palais où cette souillonne charbonneuse se réfugie quand vous avez la tête tournée, vous et vos deux adorables hystériques de filles?» Et elle l'a fait! Elle s'est enfin décidée! Avez-vous beaucoup souffert? Oui, j'espère! Dites, comment c'est quand on souffre, comme vous, d'humiliations sans nombre, de privations, de tortures physiques et tout ça... Vous aimez? Et vous savez que ce n'est pas fini, hein? Ah non! Ah non! Ah non! Attendez-vous à pire! Attendez-vous au pire! Je suis derrière Marti et mon imagination ne m'a jamais trahie, n'est-ce pas, Anne chérie? Je vous préviens amicalement qu'avant la fin stupide et sirupeuse de votre histoire de citrouille et de bal costumé, avant la venue de celui qui doit vous sauver et qui d'ailleurs s'en fout éperdument, vous en verrez des vertes et des pas mûres! Allez, bon courage, Cendrillon, et souffrez bien!

CENDRILLON, *au public* — Avez-vous déjà senti comme, un vent d'impuissance souffler dans votre dos?

Le loup s'est approché de Chaperon et de Poucet.

LOUP — Les enfants, tout à l'heure j'ai entendu votre petite engueulade au sujet du prince et j'en suis venu à la conclusion que ni l'un ni l'autre vous n'y aviez compris quoi que ce soit. Je me trompe?

Les deux enfants baissent la tête.

LOUP — Alors, avant de vous manger, car j'ai toujours l'intention de le faire, n'ayez crainte, je vais vous expliquer sommairement les mystères de la vie.

CARABOSSE — Méfiez-vous! En plus d'être un ogre, ce loup est un satyre!

CHAPERON — Un satyre? Qu'est-ce que c'est?

BELLE — Un satyre? C'est celui dont on rêve dans son sommeil de velours et de plomb mais qui ne se présente jamais dans la vie!

LOUP — Ah, pardon! Je suis moi-même un satyre! Et j'y tiens!

BELLE — Vraiment! Vous avez donc toutes les qualités!

LOUP — Toutes non, mais un nombre suffisant pour me rendre intéressant...

BELLE — Loup, vous me donnez des chaleurs.

LOUP — Belle, elles doivent être glacées car je ne les sens absolument pas !

CENDRILLON — Maintenant que les fruits confits se sont retirés, les marrons glacés en profitent pour gagner du terrain.

ANNE, *regardant Carabosse* — C'est drôle, moi je dirais plutôt que ce sont les cerises à l'eau de vie qui vont gagner la partie...

CENDRILLON — Les cerises à l'eau de vie ! Vous êtes bien généreuse ! Moi j'appellerais plutôt ça des pruneaux séchés !

Scène X

CARABOSSE — J'ai entendu ce que vous venez de dire, Cendrillon ! Et cela n'embellit pas votre avenir !

CENDRILLON — J'aime mieux avoir un avenir qui soit laid et en avoir un !

CARABOSSE — Pour ma part, je préfère avoir un passé fructueux qu'un avenir fluctuant !

CENDRILLON — Fructueux ! Quels fruits avez-vous donc portés pour être ainsi abîmée ! Des grenades ?

CARABOSSE — Attention, Cendrillon ! Je connais une citrouille qui pourrait bien refuser de se changer en carrosse !

CENDRILLON — Et moi je connais une fée qui pourrait bien s'attirer des bosses grosses comme des citrouilles, Carabosse !

CARABOSSE — Des menaces ?

CENDRILLON — Jamais je n'oserais. Disons plutôt des désirs exprimés à haute voix!

CARABOSSE — Exprimez-vous moins, vous y gagnerez!

CENDRILLON — Exprimez-vous un peu plus et vous y perdrez!

Carabosse vient se planter devant Cendrillon; elles sont presque nez à nez.

CARABOSSE — Avez-vous déjà entendu parler d'un personnage de conte de fée qui ne s'est jamais rendu jusqu'au bout de son propre conte?

CENDRILLON — Non, mais j'ai déjà entendu parler d'un personnage de conte de fée qui meurt à chaque conte! Est-ce que cela fait aussi partie d'un passé fructueux?

CARABOSSE, *s'éloignant* — Victoire facile.

CENDRILLON — Que vous dites.

POUCET — Et les mystères de la vie, qu'est-ce que c'est?

ANNE — Ne viens pas nous faire croire que tu n'as pas commencé à avoir des désirs honteux, des élans irrésistibles, des besoins troublants, des gestes incontrôlables, des caresses déconcertantes, des fièvres angoissantes, des poussées alarmantes, des soubresauts inquiétants!

POUCET, *rougissant* — Enfin, non, quoi... Je ne suis qu'un petit garçon simple et pur, un petit oiseau encore hésitant, une petite fleur fermée...

BELLE — Alors d'où viennent ces boutons dégoûtants prêts à aboutir et qui te rendent ignoble à ma vue?

ANNE — Et d'où vient que tu rougisses ainsi quand on parle de ces choses?

POUCET — Mais vous me gênez, à la fin...

PRINCE — Ta maman ne t'a jamais rien dit?

POUCET — Ma maman passe son temps à me perdre dans la forêt!

CENDRILLON — Et dans la forêt... tu as tout le temps... d'avoir des idées...

POUCET — Ah oui, ça, pour avoir des idées, j'en ai... Ce déguisement, par exemple, c'est une idée que j'ai eue...

CHAPERON — Petit hypocrite! Je t'ai déjà surpris en pleine action!

TOUS, *sauf Belle et Chaperon* — Ah!...

POUCET — Chut, tais-toi! Pas devant les enfants!

CHAPERON — Ah, le petit angelot tombe enfin de son piedestal! Enfin le séraphin dérape et tombe le nez dans sa crotte! *(Au public.)* Et bien je vais leur dire, moi, aux enfants ce que cachent ces airs de ne pas en avoir l'air et ces mines de rien dont tu uses tant et qui finiront par te perdre!

Poucet se jette sur Chaperon.

POUCET — Cette fois, j'la tue pour de vrai!

LOUP — Non, écoutez-moi, que diable et laissez-moi vous guider!

CHAPERON — Vous êtes bien magnanime tout à coup! «Laissez-moi vous guider» Je croyais que le seul chemin que vous connaissiez était celui de votre ventre! Ou celui de la maison de ma grand-mère... ce qui revient au même!

LOUP — J'ai toujours été un personnage mésestimé et peu sont ceux qui savent à quel point je suis érudit! Je vais vous donner un exemple de mon érudition en vous expliquant clairement comment vous reproduire!

CHAPERON — Oh chic, alors, depuis le temps que j'énerve ma mère avec mes questions !

CARABOSSE — « La légende de l'abeille et de la rose » ou « Comment le sexe vient aux enfants ».

Récitatif

LOUP — Donnez-moi votre main
        Petit Chaperon rouge

CHAPERON — La voilà, grand vilain
        Je sens mon cœur qui bouge.

LOUP — Donnez-moi votre main
        Petit Poucet joyeux.

POUCET — La voilà grand vilain
        Il me mange des yeux !

LOUP — Écoutez bien ceci
        Et prenez-en exemple
        Car j'ai une légende
        Pour régler vos soucis !

CHAPERON — Je suis tout yeux ! tout yeux ! tout yeux !

POUCET — Je suis tout ouïe ! tout ouïe ! tout ouïe !

CHAPERON et POUCET — Je suis tout yeux ! tout ouïe ! tout yeux ! tout ouïe !

LOUP — Silence ! Je commence !

AIR

LOUP —
        Une abeille printanière
        Voletait dans un grand pré
        Quand soudain contre son gré
        Elle fut poussée sans manière
        Au milieu des fleurs fanées !

CHAPERON et POUCET —

    Au milieu des fleurs fa-fa
    Des fleurs fa-fa, des fleurs fa-fa
    Au milieu des fleurs fanées!

LOUP —

    Celles-ci voyant la pauvre
    Petite bête presque assommée
    Essayèrent d'la ranimer.
    « Il faut que quelqu'un la sauve
    Avant que viennent les fauves!»

CHAPERON et POUCET —

    Avant que viennent les fau-fau
    Viennent les fau-fau, viennent les fau-fau
    Avant que viennent les fauves!

LOUP —

    Une rose un peu folle
    Qui se mourait doucement
    Parce qu'elle n'était pas maman
    Prit l'abeille dans sa corolle
    Et dit: «Bois de ma rosée!»

CHAPERON et POUCET —

    Et dit « Bois de ma ro-ro
    De ma ro-ro, de ma ro-ro
    Et dit « Bois de ma rosée!»

LOUP —

    L'abeille sans s'en rendre compte
    Frotta sa petite bedaine
    Et ses pattes contre le pollen
    Et c'est là, à c'qu'on raconte.
    Que se produisit la chose!

CHAPERON et POUCET —

    Que se produisit la-la
    Disit la-la, disit la-la
    Que se produisit la chose!

LOUP —

    Soudain toute ranimée
    Et même peut-être un peu grise
    La petite abeille fut prise
    Par le goût d'aller aimer
    Les autres fleurs parfumées !

CHAPERON et POUCET —

    Les autres fleurs parfu-fu
    Fleurs parfu-fu, fleurs parfu-fu
    Les autres fleurs parfumées !

LOUP —

    C'est ainsi que grâce à elle
    Et à ses pattes souillées
    Et à sa trompe mouillée
    Et parce qu'elle avait des ailes
    La vie des fleurs fut sauvée.

CHAPERON et POUCET —

    La vie des fleurs fut sau-sau
    Fleurs fut sau-sau, fleurs fut sau-sau
    La vie des fleurs fut sauvée !

LOUP —

    Toi, Poucet, tu es l'abeille
    Et toi Chaperon la fleur
    Et si un jour dans vos cœurs
    Des besoins bizarres s'éveillent
    De ce conte suivez les conseils !

CHAPERON et POUCET —

    De ce conte suivons les con-con
    Suivons les con-con, suivons les con-con
    De ce conte suivons les conseils !

BELLE — Si le ridicule tuait, cette chanson idiote aurait étrangé ces trois pauvres voix plébéiennes ! Je n'ai jamais rien entendu de plus peuple !

CHAPERON, à *Poucet* — Dis, tu as compris quelque chose à cette histoire, toi?

POUCET — Écoute... Je n'en suis pas sûr... mais... viens avec moi derrière les bosquets je crois que j'ai quelque chose à te montrer...

CHAPERON — Une surprise? Tu as une surprise pour moi?

POUCET — En tout cas, si c'est une surprise, c'en sera une pour nous deux! Allons-y!

LOUP — Où allez-vous, les enfants?

POUCET — Je crois bien que mon abeille se meurt pour la corolle de mademoiselle... *(Il pousse Chaperon dans les buissons.)*

LOUP — N'allez pas trop loin les mioches... Revenez vite... Ils sont charmants...

BELLE — Tout ce que j'espère c'est qu'ils ne mugiront pas comme des bœufs!

CENDRILLON et ANNE — Jalouse!

Scène XI

La nuit tombe doucement. Carabosse s'est approchée du loup.

Les trois princesses et le prince se mettent à murmurer une très belle mélodie qui accompagne la scène de Carabosse et du loup.

CARABOSSE — Tu te souviens de ce bosquet, mon loup?

LOUP — Ah, madame, ces choses sont bien loin, maintenant!

CARABOSSE — Quel âge avions-nous...

LOUP — L'âge importe peu, c'est le bosquet qui compte !

CARABOSSE — J'étais sortie de ce bosquet... transformée !

LOUP — Et moi bien essoufflé !

CARABOSSE — Je portais cette petite robe de velours noir si moche mais que j'aimais tant !

LOUP — Vous avez toujours eu un goût pour les horreurs...

CARABOSSE — Oui, vous en étiez un bien bel exemple...

CHAPERON — Poucet, mais enfin... Poucet, mais tu exagères !

CARABOSSE — Vous entendez ? Les mêmes mots...

LOUP — Excepté que c'était moi qui les avais prononcés, souvenez-vous...

CARABOSSE — Ah ! Que ne sommes nous assez puissants pour retrouver ces moments de grâce, ces havres de pureté éblouissante ! Tu vois, je suis devenue une vieille cocotte en chasse perpétuelle et toi un nécrophage indécrottable.

LOUP — Non, pas nécrophage, Bobosse... Je n'attends pas que les enfants soient morts pour les manger. Je les gobe tout vivants !

CARABOSSE — C'est mieux ?

LOUP — J'ai moins l'impression d'être seul... à cause des hurlements.

CARABOSSE — Ah... la solitude te pèse tant ?

LOUP — Ah ! Oui !

CARABOSSE — Moi aussi. J'ai tout essayé pour tromper mon ennui ! Tout ! Si tu savais ! Les boissons les plus infectes, les drogues les plus puissantes et les plus dangereuses, les hommes les plus... les plus... enfin, tu vois ce que je veux dire...

Et je me retrouve toujours seule sur le trône de la Cruauté!

LOUP — Personne n'est assez laid ni assez méchant pour y prendre place à côté de vous, ma reine, vous le savez bien...

CARABOSSE — Hélas! J'avais bon espoir en toi du temps de notre folle jeunesse! Mais tu m'as trompée! Comme tous les autres! Tu t'es spécialisé dans les petits enfants fades et moi c'était toutes les créatures vivantes que je voulais fouler aux pieds et regarder geindre et s'éteindre à grand feu! Je voulais faire du monde un brasier!

LOUP — Vous étiez bien ambitieuse...

CARABOSSE — Et je ne suis plus qu'une vieille vicieuse fatiguée! Tu vois ce déguisement? J'arrive à l'instant d'un temps et d'un pays futurs que j'ai choisis pour leur pourriture et leur décadence... J'avais cru y déceler dans ma boule de cristal un être digne de moi...

LOUP — Et une fois de plus vous fûtes déçue?

CARABOSSE — Déçue? Meurtrie, veux-tu dire, presque anéantie!

POUCET — Hé, là, minute, Chaperon, c'est toi qui exagères, maintenant! Chaperon, mais réponds-moi!

CHAPERON — Ma maman m'a toujours dit de ne pas parler la bouche pleine! Oh, dis, si on essayait avec les confitures!

CARABOSSE — Son nom était Johnny! Et sa méchanceté n'avait d'égale que son sadisme et sa sauvagerie! Il était beau comme un dieu dans son costume de cuir et toutes nous étions folles de lui! Et quand je fus certaine de la perfection de sa

cruauté, quand je fus totalement convaincue qu'il
était digne de moi dans la laideur et la perfidie,
je lui avouai qui j'étais... et je lui offris cette place
unique à côté de moi...

LOUP — Et il ne vous crut pas?

CARABOSSE — Il me rit au nez, l'infâme! Il me ré-
pondit seulement: «Je monterais bien avec vous,
madame, sur le trône de la Cruauté mais j'ai bien
peur que dans votre pays les hot dogs steamés
n'existent pas!

LOUP — Les quoi?

CARABOSSE — C'est un plat national... Une horreur...
Il m'a préféré les hot dogs steamés! Ah!!!!!
Humiliation totale!

LOUP — Allons, madame, calmez-vous!

*Le Loup met ses deux bras autour du cou de
Carabosse.*

CARABOSSE — Johnny de Saint-Martin
               Johnny du Bar-B-Q
               Johnny de la table du fond
               J't'aime!

CENDRILLON, PRINCE, ANNE — Tous les Johnny
sont des écœurants!

CARABOSSE — Ah, Loup, cette vie est bien cruelle!

LOUP — Allez, madame, notre scène est terminée.

*La mélodie est aussi terminée mais la nuit reste.
Belle s'essuie les yeux.*

BELLE — Si le ridicule tuait, mes propres larmes
m'étoufferaient!

*Carabosse regarde autour d'elle, comme perdue,
puis, soudain, elle aperçoit le public.*

CARABOSSE — Ils sont encore là, eux! Avec leurs regards lubriques! Ils sont là à se repaître du malheur des autres! Comme d'habitude! Voyeurs! Vous vous réjouissiez d'avance de me voir me rouler par terre et supplier qu'on m'aime, n'est-ce pas? Et bien détrompez-vous! Je sors de cette scène de faiblesse plus méchante et plus cruelle que jamais! *(Elle pointe le public.)* J'exige qu'on assassine chacun de ces enfants et qu'on me tresse un tapis avec leurs membres!

BELLE — Chassez le naturel, il revient à pas de loup!

CARABOSSE — Vous, l'hypocondriaque, on ne vous a pas demandé votre avis!

Chaperon sort de derrière le bosquet complètement transformée, un sourire angélique à ses lèvres tachées de confiture et le pot au beurre un peu abimé.

CHAPERON — Réjouissez-vous, frères et sœurs humains, pour moi les mystères de la vie n'en sont plus! Se sont envolés de ma tête d'enfant ignare les sombres doutes et les peurs caverneuses et la lumière éblouissante a envahi mon âme maintenant pleine et rousse comme la lune du mois de juillet et pourtant chaude comme le soleil du mois suivant! Je brûlais de savoir, je suis calcinée par la connaissance! Ce bosquet sera désormais pour moi comme le buisson ardent où Abraham entendit jadis la voix de Dieu et l'enfant au dard brûlant qui s'y cache encore aura traversé ma vie comme l'abeille bénéfique traverse la journée d'un éphémère. Ah! la joie de sentir sa corolle s'embraser! Ah! le bonheur de voir le ciel changer du bleu ou rouge et du rouge au noir et s'y noyer! Oui, je me suis noyée dans l'encre noire du ciel et mon âme est à jamais souillée par la vie! J'étais morte dans mon univers barricadé de tartines et de pots au beurre et mon destin se résumait à me faire croquer et croquer encore, jour après jour, par un animal mal léché et débile qui jamais n'aurait su apprécier ni même goûter ma flamme intérieure, uniquement intéressé qu'il l'était dans son crétinisme chronique par ma chair délicate et mes petits os croquants! Mais un petit mâle, vierge comme moi et comme moi brûlant de savoir et tenté jusqu'à l'obsession par l'expérience ultime, est passé dans ma vie et nous nous sommes mutuellement foudroyés dans la formule du Haut-Savoir, dans le creuset de la pierre Philosophale, Didon séduisant Énée, Yseult découvrant Tristan, Troïlus explorant Cressida, Gomorrhe expérimentant Sodome! À tel point que lui est resté cloué au sol, hagard et délirant, pendant que mon corps se soulevait de lui-même, comme l'âme d'une sainte lévite et s'élève auprès de son Créateur après une vie de pénitence et d'amour et d'abnégation, pour venir ici dans cette clairière désormais la proie de la nuit pour vous dire: «Jouissez pendant qu'il en est encore temps car la jouissance est la vie et le temps se bat contre elle!» Là est mon message et pensez-y bien! Il est plus tard que vous ne croyez!

BELLE — Si le ridicule tuait, cette enfant deviendrait poétesse et le regretterait amèrement!

Poucet surgit soudain du bosquet, transformé lui aussi, mais en chanteur de rock and roll.

POUCET — J'tue plus personne! Je donne la vie!

CHAPERON — «La chanson du petit garçon au dard ardent».

POUCET —

Je suis sorti de ce bosquet
Les yeux luisants et la tête haute
Et si maintenant je suis coquet
C'est qu'enfin j'ai commis la faute!
Je baise tout le monde, j'en ai envie
J'tue plus personne, je donne la vie!

Grâce à la fille au pot au beurre
Mon corps a pris la clef des champs
Et si je veux cueillir des fleurs
Personne peut plus nier mon chant
Je baise tout le monde, j'en ai envie
J'tue plus personne, je donne la vie!

Mesdemoiselles vous qui r'fusez
De faire l'amour bien avant l'heure
D'avoir au doigt l'anneau sacré
Poucet vous dit: «C'est une erreur!»
Je baise tout le monde, j'en ai envie
J'tue plus personne, je donne la vie!

Mesdames, messieurs, vous qui croyez
Avoir tout fait, avoir tout vu
Attendez donc, avant de parler
De voir à l'œuvre Poucet tout nu!
Je baise tout le monde, j'en ai envie
J'tue plus personne, je donne la vie!

Je veux tout faire, tout essayer
En pleine lumière ou dans le noir
Je pourrais même pour m'égayer

Le faire avec des accessoires!
Je baise tout le monde, j'en ai envie
J'tue plus personne, je donne la vie!

Je veux amener le monde entier
À faire l'amour comme on respire
Et s'il faut en faire un métier
J's'rai millionnaire avant de mourir!
Je baise tout le monde, j'en ai envie
J'tue plus personne, je donne la vie!

Petits enfants qui êtes assis
Dans cette salle écoutez-moi
Sans dire un mot, sans dire merci
Esquivez-vous et venez chez moi!
Je baise tout le monde, j'en ai envie
J'tue plus personne, je donne la vie!

BELLE — Si le ridicule tuait, la carrière de ce jeune
homme serait bien courte!

POUCET — Cendrillon, Anne, Belle, vous cherchiez
un mâle? Me voici!

CENDRILLON — Mais il est fou!

POUCET, *à Carabosse* — Et vous aussi, horrible chose,
venez un peu ici et vous verrez que la vie vaut
encore la peine d'être vécue!

CARABOSSE — Arrière, infect petit drôle, vous me
donnez la nausée!

CHAPERON — Comment osez-vous parler ainsi à mon
Poucet, sale sorcière suintante et sotte! Vous
osiez me traiter d'Oenone, tout à l'heure et bien
sachez, madame, que je ne suis plus une suivante!
Désormais, c'est moi qui marche devant! Mes
malheurs seront à partir de maintenant aussi im-

portants que ceux de la Reine! Je suis le grand Chaperon rouge!

POUCET — Et moi le mirifique Poucet!

CARABOSSE — Mais c'est l'anarchie!

LOUP — Allez, les enfants, assez joué! J'ouvre la bouche, et hop, on n'en parle plus!

CHAPERON — C'est moi qui te dévorerai à l'avenir, loup puant! As-tu une grand-mère? *(Ricanant.)* Elle m'intéresse!

POUCET — Allez-y, les précieuses princesses, en rang! Le temps n'est plus au sommeil, aux pommades ou au balai! Le temps de Poucet est arrivé! Et toi aussi, Prince ténébreux, si ça peut te déniaiser un peu, je suis prêt à occuper tes arrières pour un temps! Je veux qu'on soit heureux!!!

Silence.
Poucet accroche son chaperon à une branche d'arbre.

POUCET — Ralliez-vous à mon drapeau et sortons par la porte de derrière avec les enfants! Avec eux!

LOUP — Poucet, tais-toi!

POUCET — Ne restons pas des poupées de porcelaine mystérieuses et fragiles!

Le loup se jette sur Poucet et le prend par le collet.

LOUP — J'aime mon emploi, entends-tu? Et je veux le garder! J'ai au moins un repas par jour d'assuré et à partir d'aujourd'hui, grâce à un petit garçon sans cervelle qui a eu la malencontreuse idée de se déguiser en petite fille, j'ai deux repas par jour d'assurés! Et je n'en demande pas plus!

Scène XII

Coup de tonnerre.
Une voix tonne.

MARJOLAINE — Pouceeeeet!!!

Poucet se met à hurler de peur.

POUCET — Ah! C'est elle! C'est encore elle! Non, non! Au secours! Aidez-moi!
MARJOLAINE — Poucet, où es-tu!
LOUP — Je connais cette voix...

Poucet reprend son chaperon sur la branche.

POUCET — Mon déguisement... Mon déguisement... Il ne faut pas qu'elle me reconnaisse!
CHAPERON — Mais de qui parles-tu à la fin!
POUCET — C'est à cause d'elle que je me suis déguisé en toi!
MARJOLAINE — Je finirai bien par te retrouver, va!
CARABOSSE — Moi aussi je connais cette voix...
POUCET — C'est Marjolaine! La méchante fée Marjolaine qui me poursuit depuis des jours et des jours avec son gros chien blanc!

Autre coup de tonnerre.
La fée Marjolaine apparaît avec son gros chien blanc.
Elle parle doucement, mais fermement.

MARJOLAINE, *à Chaperon* — Ah, te voilà vilain garnement!

Carabosse se précipite vers elle.

CARABOSSE — Maman!

LOUP — Ma tante!

MARJOLAINE, *à Carabosse* — Je savais que je te retrouverais ici, fille adorée! Viens dans mes bras!

CARABOSSE — Maman! Ma petite maman!

MARJOLAINE, *au loup* — Bonjour, mon garçon! Toujours gourmand?

CHAPERON — Et comment!

MARJOLAINE, *à Carabosse* — Allons, embrasse-moi, mon petit, je suis là pour tout arranger, comme d'habitude! *(À Chaperon.)* Approche, toi!

Chaperon, courageuse, veut s'approcher à la place de Poucet, mais celui-ci la retient.

POUCET, *enlevant son chaperon* — Me voilà, vilaine Marjolaine! J'ai bien failli vous tromper cette fois! Mais je ne veux plus que Chaperon paie pour moi... je l'aime!

MARJOLAINE — Tu essayais encore de semer la zizanie!

LOUP — Oui, ma tante! Il a même failli soulever l'anarchie! Et donner de vilaines idées aux enfants!

MARJOLAINE, *au public* — Bonsoir, les enfants! Et bienvenue dans ma clairière! Et n'ayez crainte, d'ici cinq minutes tout va rentrer dans l'ordre et vous pourrez rentrer chez vous tranquillement!

LOUP — Je le leur ai même promis dès le premier acte, ma tante!

MARJOLAINE — C'est bien, ça, mon loup, rappelle-moi de te récompenser en petite chair palpitante...

LOUP — Oui, ma tante, merci, ma tante!

MARJOLAINE — Je vois que tout le monde est là...

CENDRILLON — Oui, marraine...

MARJOLAINE — Oh! Cendrillon! J'ai pour toi en tête une bien jolie paire de souliers, un très beau carrosse et un somptueux bal... et pour très bientôt! En attendant, tiens bon le balai!

Le sourire de Cendrillon tombe.

MARJOLAINE — Et toi, Belle, rendors-toi... Le réveil est proche!

Belle ne sait trop comment prendre cette réplique sibylline.

MARJOLAINE — Anne! Approche, belle enfant! Oui, tu es belle, tu sais... Dans peu de temps, tu mueras comme un gros serpent et ton nouveau teint sera resplendissant!

Anne fait la grimace.

MARJOLAINE — Vous êtes heureuses, toutes les trois?

Les trois princesses ont comme un air de doute.

MARJOLAINE — Joli Prince, te voilà enfin! Tu as fait la connaissance de tes trois femmes?

LES TROIS PRINCESSES ET LE PRINCE — Quoi!

MARJOLAINE — Mais oui, le prince charmant est unique, vous savez, et il passera de l'une à l'autre, régulièrement, de quatre mois en quatre mois, jusqu'à la fin des temps! Ainsi en ont décidé les auteurs de contes de fées! N'êtes-vous pas heureuses de partàger un si beau morceau?

LES TROIS PRINCESSES — Ah! non, par exemple!

CENDRILLON — Là, je ne marche plus du tout! J'avais un doute tout à l'heure, et bien là je suis sûre!

ANNE — Moi non plus je ne marche plus! Pour qui nous prend-on! Pour du bétail!

BELLE — J'ai déjà dit que je ne voulais pas de cet éphèbe ambigu et je le répète: «Je ne veux pas de cet éphèbe ambigu!»

PRINCE — Et moi je ne veux pas de ces trois femmes! Si j'étais destiné à avoir trois femmes, pourquoi m'avoir créé comme je suis! Et vous me dites que je suis le *seul* Prince charmant! Mais où est le mien!

CARABOSSE — Et moi, maman, ne m'oublie pas! N'oublie pas ma grande souffrance!

MARJOLAINE — J'ai bien peur de ne pouvoir faire grand-chose pour toi, ma pauvre enfant. Tu es condamnée à être méchante et malheureuse...

CARABOSSE — Ah!!!!!!!!

MARJOLAINE — Tout ce que je peux t'offrir, c'est quelques semaines de vacances avec le Loup...

LOUP — Jamais! Plutôt mourir!

CARABOSSE — Jamais! Plutôt vivre!

MARJOLAINE, *à Poucet* — Je vois que ton venin agit, cette fois... Tout le monde est mécontent!

POUCET — Tant mieux! Il est temps! *(Aux autres.)* Choisissez, vous autres et cette fois, c'est définitif: c'est elle et sa prison ou moi et ma tentative de liberté! Pour une fois, soyez courageux!

Les personnages commencent à se rapprocher de Poucet.

MARJOLAINE, *voix très puissante* — Arrêtez!

Elle fait un geste et le jour revient tout d'un coup.

POUCET — Pour une fois soyez courageux.

Les personnages continuent quand même à se rapprocher de Poucet.

MARJOLAINE — S'il faut prendre les grands moyens, allons-y! *(Un autre geste et une pluie de pétales de roses tombe sur la clairière pendant que tous les personnages ferment les yeux, endormis.)* Voilà! Pour qui vous preniez-vous donc tout à coup, pour des êtres humains? *(Au public.)* Rassurez-vous, les enfants, quand ils s'éveilleront, tout rentrera dans l'ordre! Ils ne se souviendront de rien. Ils n'ont pas le choix. Et moi non plus. Nous avons été créés pour faire croire aux enfants que la vie est belle! *(D'une voix de plus en plus forte.)* Il faut que l'ordre règne! Il faut que l'ordre règne! Il faut que l'ordre règne! Il faut que l'ordre règne!

Belle tourne lentement la tête vers le public.

BELLE — Si le ridicule tuait, je connais un théâtre d'été qui ferait faillite dans pas longtemps!

POUCET —
Parfois je rêve à une histoire
Où les enfants qui en ont marre
Des loups, des ogres et des princesses
Des Rapunzel aux longues tresses
Des fées, des rois, des trois cochons
Des pauv'enfants du pauv'bûcheron
Pourraient enfin, oh quelle chance
User de leur intelligence!
TOUT LE MONDE —
Existe-t-il un conte pas bête
Écrit par un ancien enfant

Qui se souvient que les éléphants
Sont pas humains mais juste des bêtes!
Existe-t-il une belle histoire
Qu'on peut raconter en famille
Qui dit l'amour et qui fourmille
D'idées nouvelles et non de gloire
Existe-t-il une belle histoire!
J'aime mieux chanter et rire et vivre
Que par un prince être embrassée
Ou par un loup être mangée
Ou par un soulier être blessée
Ou par sept nains être violée
Ou par un père abandonnée
J'aime mieux chanter et rire et vivre!
J'aime mieux chanter et rire et vivre!

FIN

TABLE

ACHEVÉ D'IMPRIMER
EN SEPTEMBRE 1999
SUR LES PRESSES DE L'IMPRIMERIE AGMV-MARQUIS
CAP-SAINT-IGNACE (QUÉBEC)
POUR LE COMPTE
DE LEMÉAC ÉDITEUR
MONTRÉAL

DÉPÔT LÉGAL
1re ÉDITION: AVRIL 1976
(ÉD. 01 / IMP. 05)